打造时间数据化系统

建立你的时间博物馆

时间记录

数据反映行为，行为改变数据

剑 飞/著

电子工业出版社·

Publishing House of Electronics Industry

北京·BEIJING

内 容 简 介

时间对每个人都是公平的，如何高效利用每天24小时，以创造出属于自己的独一无二的成果，是这本书要介绍的主要内容。本书共分4章，第1章介绍如何记录时间，通过时间记录可以全面、系统地了解自己的时间的真实使用情况；第2章介绍如何分析时间，能够让我们进一步学会如何优化自己的时间结构；第3章介绍如何规划时间，重点提醒我们要提前把时间分配在重要事项上；第4章介绍如何让时间增值，以此实现人生目标。本书详尽地介绍了每个步骤的具体操作方法，并结合真实案例，手把手教你如何夺回时间的掌控权，让你成为自己时间的主人。

本书适合于职场精英、创业者、自由职业者，以及所有想通过时间记录，让自己生活变得更好的人士阅读。

图书在版编目（CIP）数据

时间记录：数据反映行为，行为改变数据/剑飞著. —北京：电子工业出版社，2021.8

ISBN 978-7-121-41488-6

Ⅰ. ①时… Ⅱ. ①剑… Ⅲ. ①时间－管理－通俗读物 Ⅳ. ①C935-49

中国版本图书馆 CIP 数据核字（2021）第 129839 号

责任编辑：滕亚帆
印　　刷：三河市鑫金马印装有限公司
装　　订：三河市鑫金马印装有限公司
出版发行：电子工业出版社
　　　　　北京市海淀区万寿路173信箱　　邮编：100036
开　　本：880×1230　1/32　印张：8.25　字数：262 千字
版　　次：2021 年 8 月第 1 版
印　　次：2021 年 8 月第 2 次印刷
定　　价：79.00 元

凡所购买电子工业出版社图书有缺损问题，请向购买书店调换。若书店售缺，请与本社发行部联系，联系及邮购电话：(010) 88254888，88258888。
质量投诉请发邮件至 zlts@phei.com.cn，盗版侵权举报请发邮件至 dbqq@phei.com.cn。
本书咨询联系方式：010-51260888-819，faq@phei.com.cn。

推荐序一

社会越发达，越会在细分领域出现具有"大"意义的创业项目，而且它们确实能给一群人带来巨大的帮助！

我亲眼看着剑飞通过多年的实践，亲身不懈地探索并实践各种能高效记录时间的方法，并通过数据工具来分析自己是怎么使用时间的。

把一生记录下来，让数据客观地反映出自己使用时间的行为，很多人才惊觉自己重新认识了一个过去不认识的自己，并可以据此重设行为，让自己宝贵的时间资产重新聚焦在自己优先级更高的目标上。

剑飞探索过各种微观的"时间方法与工具"，在不断梳理的过程中，既形成了理论体系，也开发了相应的工具。他用自己的工具进行实践，将经验无私地分享，并聚合了一群认同的伙伴，大家共同使用工具，一起实践探索，因此他建立了高凝聚力的时间记录社群。他们长时期地坚持记录、分析、优化与共创。我相信，在这个有大价值却缺少足够关注的细分领域，他终究会做出更大的贡献。

我相信这本书可以帮助一个普通人，定下一个明确的目标，这个目标：

——是一般人无法实现的，目标本身很伟大。

——需要相对长的时间才能实现，因为短期能实现的多半不是伟大目标。

——能让他成为他所在领域的专家，或是创造他所在领域的新高度。

——不然，就是他所在领域的历史创造者，过去没有人做过，他开创了新的子领域。

因为是数据化记录，如果你愿意把一生全程记录下来，他也愿意把一生全程记录下来，你们又都愿意分享出去，这个共享经济的价值，能让我们借鉴别人成功运用时间的经验，让自己有限的生命完成更多的目标、创造更多的精彩，有意义！

专注、聚焦而努力的人生，很美……力挺剑飞！

周宏骐

新加坡国立大学商学院兼职教授

推荐序二

时间记录，这个如雷贯耳的名词，长期霸占各路大 V 的推荐行动榜单前列。做时间记录的方法也是花样繁多——手账记录法、Excel 记录法、软件记录法等，让人眼花缭乱、应接不暇。

有不少人都尝试过记录自己的时间，但是 99%的人都没办法做到持续稳定地记录，去看看知乎上关于时间记录的问题，其浏览量就可见一斑。

我以前也是这样的，尝试过自己做时间记录，但是各种问题很快如潮水般扑面而来：

吃饭的时候谈工作，该怎么分类，是算餐饮时间还是工作时间？

坐高铁的时候，刷了几集综艺节目，是算娱乐时间还是交通时间？

之前的方法只能用 Excel 表格记录，离开电脑就抓瞎了。

过了两天之后，就没有然后了……

为什么看起来很简单的记录，却很难持续下去呢？

因为我们都把做时间记录这件事想得太简单了，其实时间记录是一个完整的体系。这个体系不但要有清晰的记录原则、恰当的时间分类、简单的记录行为，还需要有对记录效率的思考和对时间如何分析利用的深度探索。

直到 2018 年 9 月，我遇到了剑飞老师，到今天为止，我已经持续记录超过 1000 天，同时在践行这套记录方法的很多伙伴都稳定记录了 2～3 年。

这本书专门介绍了剑飞老师的这套时间记录体系，这套体系最大的优点就是：简单、易上手。这一点太重要了，很多关于时间记录方法的学习曲线都相当陡峭，而且对时间的分类原则也往往语焉不详，很容易让人在记录的时候产生困惑，而困惑又无处解决，当然很容易放弃。

而剑飞老师的这套记录体系，不但有清晰明确的记录原则，而且已经预先设定了时间分类标签，甚至开发了专属的"时间统计"APP。他所做的一切都是为了尽可能降低上手难度，让时间记录变成一件轻松可持续的事情。

同时，这本书还会帮助你了解时间记录的意义，让你知道时间记录的方法，解答你对时间记录的一些困惑。

希望你能通过本书，开启自己的时间记录旅程，用好"时间记录"这面镜子，从不同的角度更加客观地重新认识自己。

胡 奎

《高效办公 office 教程：让你从此不加班》作者

让你的时间更有价值

初识剑飞，缘于语音写作，而更进一步了解他，是因为时间记录。

剑飞是时间记录和时间管理的践行者，7 年多的时间记录实践让他对时间有了很强的掌控感，自创的时间记录体系让身边的很多朋友受益匪浅。

对于当下快速发展的社会，时间变得越来越珍贵，恨不能让人把时间掰成两份用，从某个角度来看，这也许真的可以实现。时间的长短是确定的，是无法改变的，但效率是改变"时间长短"的工具，而时间记录可以帮助我们看到这种改变。

时间记录是一个行为动作，需要长期坚持，3 年以上的时间记录数据，可以客观对比并分析出一个人的时间使用效率及成长速度。时间记录是一项基础工程，24 小时不间断地记录时间，可以让我们更全面、清晰地了解时间投入在了哪些地方。

做了时间记录，只是拥有了数据，要想调整时间投入方向，时间分析是必需的。按板块、结构、层次，多维度地对时间记录进行分析，才能让我们真正看到时间产生的价值。

时间分析能让我们有很多的思考，而如何规划时间，则进一步让我们确定，在人生有限的时间里，我们想实现什么，就把时间投入在哪里。

有些时间是必须要保护起来的，有些时间是确定一定要付出的，如果事先对"保护"和"付出"进行规划，并能够有效落实，你的时间就在自己的掌控中。

"时间记录是一种一辈子都保持高效率、节奏稳定的方式。"柳比歇夫的一生就是用自己的时间记录大法，证明了它的有效性。

剑飞常说，时间是有价的，时间是可以交换的，时间的长短是相对的。而《时间记录》这本书，是剑飞从实践当中萃取的精华内容，详尽地介绍了时间记录体系及方法，并结合真实案例，教会大家如何把控时间并成为时间的真正主人。

人生的长度是有限的，每个人的时间都是有边界的，在有限的时间里，如何更好地让时间产生更大的价值，这是值得用一辈子去实践的一件事，也是我们终生追求的一件事。

每一位有幸阅读到《时间记录》这本书的读者，长期坚持记录下去，时间记录将改变你的生活，让一切想要的、渴望的，在我们的生命中一一实现。

清　茶

银行资深财务管理者

推荐语

剑飞老师在时间记录领域深耕多年，甚至说是他带我开启了这个领域的大门。苏格拉底说过，未经省察的人生不值得一过。剑飞老师用精细化的时间记录这个看似质朴，其实有无尽魅力的工具，帮我实现了这一点。其实，每个人的人生都是一段或几段故事，而时间就是故事的基础组成。

——曲玮玮　知名自媒体人、千万粉丝博主

我们常常惯性前进，却不知时间在每一处停留的长短，也不觉曾为某事蹉跎流连。若非真实记录、客观分析、反思整理，我们很难正视时间，又何谈善用时间。

剑飞老师独创的时间记录体系，是一个可以撬动大资源的小工具，感谢他不懈探索，并将诸多心血著之此书。希望更多人可以记录时间、优化时间；可以不忘来路，亦勇敢奔赴。

——灵休　时间记录践行者

阅读《时间记录》的旅程会让你看到真实的自己，长周期、多维度、数据化、可预测、可调整，并通过渐进的、不那么痛苦的修正，抵达你内心真正向往的目的地。

这就像雕琢一颗毫不起眼的钻坯，先了解它的大小、颜色、净度、晶形，再通过设计、劈、锯、磨和清洗等，让它最终蜕变成独一无二、熠熠生辉的钻石。

——学慧 19 年银行从业人员

从每天用语写记录自己的所思所想，到每天用时间记录记下自己的每一分每一秒。我仿佛看到一座自己的人生博物馆，这里面珍藏着我的文字，以及我一生的时间旅程。

继《极速写作》之后，这次剑飞老师又出版了《时间记录》，他将自己实践多年并不断迭代后的两大体系全部呈现给了我们。

我相信若干年后，有这样一群人，他们不仅是历史的见证者，也是历史的缔造者。他们用文字影响生命，用数据改变人生，而我愿意成为其中一位。

——陌上纤尘 产品工程师

我们一生都在思考这些问题：我的一生会怎样度过、我的人生有什么意义……面对这些问题，也许我们可以做些什么。剑飞的新书《时间记录》详细地介绍了时间记录的方法、体系、分析、整合和规划，最后让我们达到时间增值的目标。

做时间记录的过程和分析时间记录，能够让我们从另一个角度直面人生的每一段经历，记录证明存在。如果你对掌控自己的时间有想法，如果你对规划自己的时间有期待，如果你是一个长期主义践行者，如果你是一个想让自己有更多自由时间的人，那么这本《时间记录》会让你找到答案。

——清茶　银行资深财务管理者

如果你想了解更真实的自己，想了解自己的时间，想建立自己和时间的关系，想和时间有更深的连接，《时间记录》可以帮你实现。

在记录时间的 3 年时间里，我曾经有过放弃的念头，曾经产生过怀疑，曾经遇到过琐碎的时间不知如何记录，曾经在大量的数据面前不懂如何分析，若是能早点看到这本书，我想这些问题都将不再是困扰！倘若你也有以上困扰，这本书能带给你很大的启发！

——Sunshine　世界 500 强前高管

这是一本关于如何与时间做朋友的书。时间记录帮助我们建立起对时间的觉察，从而能让我们发现时间是有弹性的。确定好事情的优先级，将时间进行最佳分配，把不重要的事情排后甚至取消，时间自然就会充裕，效率也会变得更高。

——晓雅　大学教师

时间对任何人都是公平的。多年以后，再回首，时间都去哪儿了？如果你像柳比歇夫一样，是一个有记录时间习惯的人，那么，你就会如数家珍地盘点自己对时间的使用情况，其核心就是：记录—分析—整合—规划。

如何能够持续记录呢？剑飞老师的时间记录体系和"时间统计" APP 简便、易上手，每天花 10 分钟左右就可以完成一天的时间记录，强烈推荐剑飞老师的《时间记录》。

——飞烟子　三甲医院健康体检部主任

好记性不如烂笔头。善于记录和整理，是非常宝贵的能力。信息的背后是数据，通过收集数据、分析数据直到应用数据，我们能科学地预测未来的方向，从而找到正确的道路。而时间记录的意义，我想就在这里——通过记录一天、一年、十年到数十年的生活，最后呈现出来的是，从一片叶子看到一棵大树的茂盛，从一滴水看到一条大河的奔流。如果有一本书，能够全面系统地教我们如何数据化记录我们的工作和生活，以一生为维度，从长远视角来看待人和事，那就太值得学习了。剑飞是我想到的最适合做这件事的朋友。

——吴天　同道雅集创始人

剑飞多年以来一直坚持做时间记录，还根据相关理论开发了对应的 APP，他是时间管理的实战派，《时间记录》适合想系统提高时间使用效率的每个人。

——Kyle《选择自己》作者

时间很公平，每个人每天的时间都是 24 小时。时间很容易被忽视，一不小心，它就会悄悄流逝。时间就是金钱，如果能掌握时间的艺术，就能更好地掌握金钱的艺术。

《时间记录》让我们更好地记录时间、观察时间，也能更好地掌握时间资源，为我们创造更多的价值。

——沈泳昌　东南银通

在这本书中，剑飞老师用他清晰的逻辑对时间记录体系做了梳理，最重要的是，书中包含了他长达 7 年多的实践经验，他给我们带来了许多客观、有效的方法和工具，帮助我们觉察和改进自己的行为习惯，让我们能有意识地对时间进行符合自身价值观及未来理想的规划。

时间是一块有限且宝贵的农田，愿每一位读者在这本书的陪伴下，无论种的是狂野梦想，还是平凡幸福，都能耕耘出开花结果的美妙人生。

——红月　红月成长社创始人

前言 PREFACE

我们的生活和工作可以数据化地记录下来吗？我们对时间的使用和分配可以优化吗？我们的行为和心情能统计出一定的规律吗……本书将回答这些问题。

在写这本书之前，我已经做了 7 年多的时间记录，也尝试用多种方式量化自己在生活和工作中做过的所有事情，并以此来改进自己的行为和生活方式，培养自己能以长远的视角来看待每一件事情。

在《奇特的一生》一书中，主人公柳比歇夫做了 56 年的时间记录，他是我的榜样。在《把时间当作朋友》和《卓有成效的管理者》两本书里，也提到了时间记录对个人成长和时间管理的帮助。时间记录影响了我的生活，通过时间记录，我也养成了很多好习惯。

本书介绍了做时间记录的方法，以及如何做时间记录分析和时间整合。在做时间记录时，不能只停留在记录数据层面。做时间记录分析和时间整合，是做好时间记录之后的重要步骤，它们对改善自己的行为有很大的帮助。

如果越来越多的人尽早开始做时间记录，并且愿意把自己的成长经验分享给其他人，那么每个人都可以进步得更快。人的进步不是突然发生的，而是有"时间"作为辅助，将自己做过的事情数据化地记录之后，它们就是你能看得见的属于自己的时间使用方式。

我们可以利用时间做很多事情，也可以什么都不做。时间的使用方式，就是我们的生活方式。如果有人问你："你在某段时间里，具体做过哪些事情？"你可以拿出时间记录数据，分享给对方。如果想要回顾自己的一生，时间记录数据可以唤醒你更久远的回忆，可以用它书写一部属于自己的时间传记。

希望读者读完这本书之后，能够开启自己的时间记录之旅。

剑　飞

2021 年 6 月 21 日

目录
CONTENTS

第1章 时间记录基础：记录自己的时间 / 001

01

第 2 章 时间记录进阶：时间分析 / 081

02

第 3 章 时间记录升级：时间规划 / 139

03

第 4 章　时间记录突破：时间增值　/　195

04

第 1 章

时间记录基础:
记录自己的时间

本章会对时间记录理论做详细说明，并提供时间标签体系，帮助
你建立一套有效的时间记录体系。

第 1 节　"时间记录"的概念

"时间记录"的定义

时间记录，即把一个人每天的时间使用情况通过场景的划分，数据化地记录下来，进而能让他对自己每天的时间使用情况有一个客观的数据化认识。

本书所提到的时间记录是一个体系，在记录时间的同时，还要考虑后续能对记录下来的数据进行分析和规划，并且在设计时间记录标签时，要考虑相对长远的时间维度。

本书所提到的时间记录体系提倡读者一天 24 小时不间断地记录，从而养成良好的时间记录习惯，并能适当地控制时间记录成本，通过长周期——连续几十年记录自己的时间使用情况，从而对自身有一个客观的数据化认识。

在《奇特的一生》一书中，主人公柳比歇夫连续 56 年做时间记录，对个人时间进行定量管理，在事业上取得了巨大成就，他是我的榜样。柳比歇夫时间统计法，建立在数学统计的基础上，重点是对消耗时间的事情进行分析，使人们能正确认识自己的时间利用状况，并养成管理自己的时间的习惯。

简单地说，柳比歇夫时间统计法的核心就是：

记录时间→分析时间→消除时间浪费→重新安排自己的时间

再简单概括，就是对时间进行：

记录→分析→整合→规划

彼得·德鲁克在《卓有成效的管理者》一书中也提到时间记录的重要性：

"要了解时间是怎样耗用的，从而据以管理时间，我们必须先记录时间。"

"一切卓有成效的管理者都懂得：对时间的控制与管理不能一劳永逸。他们要持续不断地做时间记录，定期对这些记录进行分析，还必须根据自己可以支配的时间的多少，给一些重要的活动定下必须完成的期限。"

持续不断地做时间记录，意味着我们需要不间断地记录一天 24 小时的时间使用情况，也意味着要长周期、连续多年记录自己的时间使用情况，以便于知道自己的时间耗费在了哪里。

李笑来老师在《把时间当作朋友》一书中，也提到时间记录：

"只有与时间成为朋友，才能真正知道她的宝贵、懂得她的神奇。"

"每个人都有自己的运气。我也一样。我的好运之一是竟然在 2005 年的某一天在网上闲逛时看到了一本书——《奇特的一生》。"

对我来说，我的好运之一是在 2012 年的某一天，看了《把时间当作朋友》这本书，并把时间记录当成重要的习惯来培养，并在之后养成了时间记录习惯，也形成了一套时间记录体系。

"时间记录"的频率和投入时间

好习惯的养成需要投入时间，这就涉及两个方面：频率和投入时间。

如果经常做一件事，投入的次数多，在时间记录里反馈出来的频率就很高，时间记录里就会经常出现与这件事相关的关键词。

如果有一种习惯，比如健身，每次投入的时间在 30 分钟以上，虽然频率没有其他习惯高，但是投入的时间多。

一个对人有重要影响的习惯，在频率和投入时间上占比都会较高，与之相关的关键词会在时间记录里经常出现。

对于时间记录这套体系，建议每天记录 20～30 条，时间花费大概是每天 10 分钟。

留出休息和机动的时间

无论你的效率有多高，浪费的时间都有必要"提取"出来，因为人毕竟不是永恒不变的机器，我们需要提前规划让自己放松的时间。

每天有10%左右的时间可以用作"健康休闲"，可以是休闲娱乐，也可以是有利于身体健康的运动。休闲娱乐让大脑放松，运动让身体放松，适当的放松是有必要的。

同时，也要给每天留出一些机动的时间，一般安排全天可用时间的 50%～60%来做计划是合适的，剩下的 40%～50%的时间要预留出来作为机动的时间，以应对意外情况的发生。

一辈子都保持高效率、节奏稳定

柳比歇夫的贡献不仅在于他在学术上的成就，更在于他用自己的一生向我们证明了"时间记录"这样一套有用的方法和一条切实可行的路径，让他在 26 岁到 82 岁这 56 年里能几十年如一日地保持高效率、节奏稳定，而且在老年的时候，他的工作精力和思考效率也依然有增无减。

时间记录对生活的帮助是，一辈子都保持一种高效率、节奏稳定的生活方式。这是本书所介绍的时间记录方法的最终目的，它能帮助柳比歇夫做那么多事情，产生那么多想法，如果你对此好奇，充满兴趣，不妨也尝试一下。

柳比歇夫一生干了那么多事，产生了那么多想法，这是用什么方法做到的？最后几十年（注：他是在 82 岁去世的），他的工作精力和思维效率有增无减。关键不是在数量上，而在他是怎么样、用什么方法做到的。

他把所有的纸片、所有的著述和信札，以及从 1916 年记起的日记统统保存下来。柳比歇夫的生活和它的蹉跎曲折，可以一年年甚至一天天地再现复制，简直可以 1 小时 1 小时地追忆回顾。

——《奇特的一生》

第 2 节　"时间记录"的意义

时间记录的意义在于了解自己、认识自己。有了时间记录之后，至少知道自己的能力边界在哪里；有了时间记录之后，能够知道自己的生活作息以及日常习惯，从而不会过度消耗自己的时间，或者做一些违反自己本能意愿的事情；有了时间记录之后，能够知道自己情绪波动情况，在以后情绪低落的时候不至于那么激动。

时间记录是对事实的客观反映

你怎样生活，你就是一个怎样的人。时间记录有一个很重要的特点，就是能够知道我们是怎么生活的，从而看清我们是怎样的人。时间记录是对事实的客观反映，比如吃饭花费多少分钟，时间记录就记录多少分钟。时间记录可以让我们看到最真实的自己。

如果长期做一件事，和这件事相关的关键词是不是会一直出现在时间记录当中？关键词出现的频率可以衡量我们做一件事情的持续程度。举个例子，你有没有每天阅读，只要翻一下最近的时间记录数据，看一下在阅读上面投入的时间就知道了。

从规划来说，你正在做的事情会不会出现在以后的时间记录当中？

可以试着在生活中多定义"第一次"，比如第一次完成 100 万字的语音写作，第一次在时间记录中写下超过 200 字的感想。在时间的长河当中，很多"第一次"都会发展到令人惊讶的地步。

利用"时间记录"规划未来

1. 结合长远目标更有效

在做时间记录的过程中，我们要对日常使用的时间进行梳理。对于所做的事情，其成果不是看现在，而是放眼未来。

对时间的规划需要延伸至未来 30 年到 50 年这样的跨度——长周期、大范围，时间记录需要和长远的目标结合起来才有效。

从现在开始在哪些方面进行投入？在未来 10 年、20 年、30 年或者 50 年，分别会有哪些产出或收入？换句话说，通过时间记录反映的现实情况，我们可以知道投入了哪些资源，以及在以后能够产生哪些相应的成果。

比如，工作比较忙，偶尔熬夜一两次对自己正常工作和生活的影响不大，但如果经常这么做，我们就要做出改变。因为从长期来说，熬夜不利于健康，我们要对时间记录的数据进行调整，将熬夜的次数控制在一定比例内。

关于经常熬夜的习惯，如果要进行调整，是在一年之内调整好，还是通过改变习惯，在一两周内就调整好？

根据时间记录的数据，可以将入睡时间每次往前调整半小时，进而调整时间的分配情况，一直到能较早睡觉，并逐步养成早睡早起的好习惯。现在投入时间，以后就是收益，同时因为早睡早起会使工作效率更高，高效率工作的时间就会越来越多。

再比如每天的语音写作，假设规定自己每天要写一定数量的文字，在未来 10 年能够有几部作品诞生，或者自己因思维上的改变而深入思考，那么在时间记录上，就要在"每天"有相应的关键词出现或投入一定的时间，并且能在数据上反映出来。

2. 评估单位时间效率

通过时间记录，我们可以评估单位时间效率。人在做事时，有效率高的时候，也有效率低的时候，把做每件事情花费的时间都记录下来，做规划的时候就能够知道自己的能力边界，以及有哪些事情不去做，会节省更多时间。

比如，要去城市最繁华的地段，如果经常堵车，那么比较适合通过网约车出行，以减少堵车时间，减少在繁华地段找停车位的时间，通过时间记录的数据，设置时间使用原则，提高时间使用效率。换句话说，要降低不必要的时间消耗。

3. 预判和调整时间规划

在有了时间记录数据之后，还能根据自己过去的长时间记录，预判未来的大致时间规划。

举个例子，我这辈子在学习成长方面大概还能投入多长时间？可以根据过去长时间的记录来做估算。按照我过去 7 年多的时间记录数据来看，在正常情况下，预计未来还有 5 万多小时的学习成长时间。如果阅读一本书需要 5～10 小时，那么最多能看 5000～10000 本书，因此我需要认真挑选要阅读的书，把时间花在值得读的书上。

但我不可能只是阅读，还有可能写作，还有可能学习别的东西，最后得出一个数据：大概看 1000 本书是比较合适的。

当然，如果对于预估出来的数据不是特别满意，想要调整未来的计划，就要仔细盘点对未来的时间的使用情况。

按照 1 年 365 天来计算，每年的总小时数是 8760 小时。如果按照 100 年来计算，是 876 000 小时。当然，每 4 年出现一次 366 天，多出来的 1 天时间可以作为机动灵活时间来使用。按照这个说法，100 年，能够使用的总时间是 876 000 小时。在时间标签体系中，一个维度增加，另一个维度就要相应地减少。

通过时间记录数据，要仔细盘点每个维度的使用情况，做出合理的时间预算。对于根据过去数据预测出来的未来数据，如果不满意则要调整，在一些事情上计划投入的时间要减少；如果满意，则要对时间进行保护。

比如，保护每天的阅读时间，以促进自己的成长；保护每天的写作时间，便于提高产出，提升自己的品牌知名度；对于每天复盘总结，也要留出整段的写作时间，做深入的思考；定期输出文章，保持在行业内的较高知名度，树立所在领域的权威，通过输出倒逼自己进行更多输入。

再比如，保护社会交际时间，和一些重要的人保持联系，互相帮忙，在需要的时候，贵人才会出现；保护运动时间，以保持身体处于最佳状态；保护尽量多的陪伴家人的时间，保持良好的家庭关系；保护餐饮时间，按时吃饭；保护睡眠时间，以维持充沛的精力。

时间记录和时间管理是什么关系

日常生活中，我做得最多的就是时间记录，而时间管理是另外一个概念。

时间记录只是单纯地把时间记录下来，就好像我们处于时间线之外，把自己的生活工作记录下来。时间记录需要遵守客观、持续和及时的原则，我们掌握的是事情的真相。关于重新分配时间，这种重新分配不是瞬间的，而是从一个较长的周期来平衡自己的工作和生活。

对于我来说，时间管理的意义可能更倾向于一种对人生的管理，而不是在很短的时间内必须做某些事情，所以我现在做的事情也呈现出一种需要长时间去做的特征。

从过往的数据当中可以发现某种潜在规律，比如人的某种本能或者自己的个性特征呈现出来的一些规律，然后掌握它、服从它，在可改变的范围内改变它。

如果没有时间记录，我们对于自己行为的认知可能是不正确的，是主观的，甚至有可能偏离事情的真相。有了时间记录之后，至少我们在总结的时候不会只是基于当下的情况，而是基于过去相当长一段时间里对自己行为的数据记录。

时间记录帮助我们从更长周期、更多维度认清自己，而不仅仅基于现在这一时刻的情绪波动来评判自己的各方面能力。从某种程度上来说，这种基于事实的认知和行为的记录，会让我们知道自己处于什么阶段，在此基础上设定的目标才更加合理。

重复记录常规事项的意义是什么

提问：像午餐、午睡这种常规事项，也要做记录吗？会不会多余？如果要记，怎么记合适？

回答：可以重复记。刚开始只记一两件，可能觉得没什么意义，但是从长时间来看还挺有意思的，这样的记录可以将一个人的动向看得清清楚楚。

对于午餐，要写在哪里吃、和谁吃、吃了什么，后续在分析时间记录时，可以非常清楚地知道自己喜欢吃的食物及喜欢的饭店。一起共进过午餐的人，在 50 年的时间跨度上，可能会大不一样。有些人可能是只在一起共进过一顿午餐，有些人是好几年都在一起吃午餐。尽管短时间看起来，午餐都是一样的午餐，但是长时间来看，这是记录我们在不同的进餐状态下的生活方式。

午睡，则需要记录午睡地点，因为在不同地方午睡，睡眠的质量不一样。建议在记录午睡地点时，要写出小区的名字，这样可以让数据更加精确。尤其是在大城市，可能会多次搬家，搬家之后，就意味着地点不一样了。另外，在午睡时长方面，在办公室休息的时长可能没有周末在家里休息的时间长；在不同季节，对午休的需求也不一样。

午餐、午睡这些看起来常规的事情，在记录了更多详细信息之后，你会发现在时间维度上，它们是不一样的。通过记录不同的关键词，逐渐地关注到这些"不一样"，从而更完整地记录生活。

这让人想起了古代给皇帝做日常作息记录的官员，我们现在就可以给自己创造这样的待遇。

> 作家往往受到日记的诱惑。探索别人的心灵，涉足它的隐秘世界，观察它的历史，以它的眼睛去看时间——这一切，作家都是心向往之的。任何一本日记，只要一年年认真地记，都是珍贵的文学材料。
>
> 日记要求不高，只要求老实、有思想和意志。未经雕琢的、最朴实无华的记载日常生活的日记。
>
> ——《奇特的一生》

> 我翻着他的日记，一会儿看看 1960 年的，一会儿看看 1970 年的，瞅一下 1940 年，看一眼 1941 年——哪一年都是一模一样，千篇一律。天哪，实在谈不上是什么日记。哪一天都是一篇短短的明细账，记着当天干过的事，注明用了几个钟头几分钟，还标注了些莫名其妙的数字。
>
> ——《奇特的一生》

第 3 节　"时间记录"基本操作

在开始时间记录之前，有必要了解时间记录的一些专有名词，书中在出现这些名词的时候，其代表的含义都是一样的。

"时间记录"的核心要素

时间记录有几个核心要素：

日期、开始时间、结束时间、持续时间、事件描述、时间标签

通过这几个核心要素的结合，时间记录要能反映这样的事实：

在哪一天、什么时候开始、什么时候结束、花了多长时间、做了什么事情、事情属于什么类型。

比如：

时间日期：2021-03-02

2021-03-02 14:22:50～2021-03-02 16:11:21

持续时间：01:48:31

> 事件描述：工作，写报告
>
> 时间标签：05.工作事业

日期、开始时间、结束时间、持续时间，可以通过手机软件 APP 进行记录，目前有很多相关的 APP 可供使用，我们自己开发了一款 APP 叫作"时间统计"，下面有详细介绍。

时间记录最核心的两个要素是**事件描述**和**时间标签**。

1．事件描述

事件描述是指通过一系列关键词的描述，客观地记录我们做了哪些事情。事件描述的具体内容是一系列关键的名词组合，其目的是把具体发生的事情写清楚，以便事后可以追溯、可以回顾。以下是一些范例。

开车上班可以记录为：

从××小区到××公司，开车

午餐可以记录为：

午餐，××饭店，一同吃饭的人名，菜名

开会可以记录为：

开会，××公司，会议主题，参会人员

我们的生活是由事件组成的，它们仿佛是路标。如果把做时间记录的重点放在时间上，时间记录体系很容易崩溃，而按照所做的事情来记录时间才是正确的做法。

如之前介绍的，事件描述可以说是时间记录中最核心的概念。通过事件描述，能清晰地知道自己学习了哪些技能、读了哪些书、创作了哪些作品、读了哪些论文、日常做了哪些工作、参加了哪些社群、进了哪些圈子、做了什么样的家务、分别吃过哪些食物（如零食、水果、饮料）、陪家人做过什么及是否是高质量的陪伴、进行过哪些运动、去过哪些地方、在哪些地方有过高质量的休息、一生中分别见了哪些人，等等。

换句话说，通过事件描述，我们可以清晰地知道一个人的生活状态：有哪些爱好、喜欢做哪些事、会成为一个怎样的人、是否爱学习、是否顾家、是否喜欢社交、是否喜欢去不同的地方，等等。不同的人记录的事件描述，其关键词会很不一样，每个人都会有差别，哪怕关系再亲密，在事件描述上都可能有较大差别，因为每个人关注的重点不一样。

2．时间标签

我们可以通过场景的分类规定一些时间标签。时间标签有很多种分类方法，本书中我会把过去 7 年实践中一直在使用且经过充分迭代的时间标签详细地列举出来，供读者参考。

在这本书出版之前，我们花了 2 年时间，带领上百人进行实践，总共积累了近 100 万小时、大约 6000 万分钟的时间数据，并且都是严格按照这套时间标签体系来进行记录的。这套时间标签体系已相对稳定和成熟。如果想要更快速地入门和体验时间记录，读者可以直接套用这套体系，原封不动地照搬即可。

同时，我也会详细介绍如何使用这些时间标签，以及日常生活中的各项事务如何准确归类，以便我们能更好地使用这套时间标签体系。

时间标签分为：**主要标签**和**次要标签**。

主要标签针对的是对大场景的划分。在本书中，主要标签分别是：

学习成长、工作事业、社会交际、家庭生活、

健康休闲、交通时间、睡眠时间

次要标签针对的是有代表性的时间段划分。在本书中，次要标签分别是：

阅读时间、写作时间、社交网络、餐饮时间、陪伴家人、

生活事务、运动时间、休闲娱乐、午休时间

主要标签和次要标签是在使用过程中不断地迭代且有较高代表性的标签，这些标签是在日常生活中使用频率较高，且从长期甚至一辈子的时间长度来说，都有可能持续使用，以及值得区分和划分的时间标签。

在我们的时间记录体系中，时间标签设置如图 1.3.1 所示。

如何使用时间标签呢？可以根据事件的具体类别来确定。比如：

开车上班，属于 11.交通时间；

午餐，属于 08.家庭生活：餐饮时间；

开会，属于 05.工作事业。

关于具体的事件如何归类，后面的章节会有详细说明，现在读者只要大致了解事件类别的含义即可。

时间标签
04.学习成长
04.学习成长：阅读时间
04.学习成长：写作时间
05.工作事业
07.社会交际
07.社会交际：社交网络
08.家庭生活
08.家庭生活：餐饮时间
08.家庭生活：陪伴家人
08.家庭生活：生活事务
09.健康休闲
09.健康休闲：运动时间
09.健康休闲：休闲娱乐
11.交通时间
12.睡眠时间
12.睡眠时间：午休时间

图 1.3.1

读者可能注意到了，这些时间标签前面加上了数字，同时也缺少了几个数字。具体原因是，加上数字，是为了方便在目前主流手机 APP 中进行"定位"，通过数字可以快速找到相应标签，从而提高效率，减少记录成本；同类型的主要标签前的数字相同，是为了在后期导出数据做分析时，降低时间成本；数字是从"04"开始的，这是因为我们在设计时想将数字"01""02""03"留给读者，如果有非常重要但没有包含在上述主要标签体系内，并且值得一辈子记录的时间标签，可以使用这 3 个数字；而"06""10"这两个编号的数字标签，在我过去 7 年的时间记录过程中，使用并不频繁且能归属于其他标签，于是被删去。

时间标签从一开始就要固定下来。固定下来后尽量不再添加其他的时间标签，除非添加的时间标签是真的一辈子都适用且使用频率足够高。

像技能类的学习是属于阶段性的，比如学习弹吉他或钢琴，可以将其归属到"学习成长"类标签，而不需要新增一个特定的标签。如果长期学习弹吉他或钢琴，且持续周期足够长，它们在变成个人专业技能之后，就会归属于"工作事业"类标签，而不再归属于"学习成长"类标签。

时间标签数量不能太多。在本书中，主要标签设置为 7 个，加上次要标签，一共是 16 个。控制时间标签数量，是为了最大化地降低时间记录成本，从而能在更长周期内记录时间使用情况。

时间标签的分类要做到，在分析时间记录阶段，能判断出工作、生活是否平衡就足够了。如果有其他相对短期的关键词，可以在事件描述中添加关键词。其中，短期是指相对于人生整体长度的短期，比如按照人生 100 岁来看，3～5 年算作短期。

需注意的是，如果有一件事情需要记录下来，但记录周期是相对短期的，你想知道在这件事情上花了多少时间，那么并不需要添加时间标签，而是通过事件描述的关键词来记录。比如记录一个持续 3 个月的项目，可以用具体的项目名称来描述，后期通过搜索项目名称关键词来优化描述内容。再比如，"餐饮时间"中的早餐、中餐、晚餐，可以通过关键词记录清楚，而不需要专门设置"早餐""中餐""晚餐"标签，这样可以减少时间标签的冗余，避免时间记录体系无法持续进行下去。

之所以花这么多篇幅介绍"事件描述"和"时间标签"，是因为它们是时间记录体系中两个核心要素，是本书内容的基础，也是本书需要大量讨论的两个要素——书中将介绍每一个使用场景，包括具体怎么记录，以及记录过程中的一些主要注意事项。

"事件描述"中的关键词，可以客观地反映我们是什么样的人；"时间标签"可以让我们挑选出有代表性的场景，在场景发生变化时，记录下该时间点，从而让生活中的各个时间段区分出来。

"时间记录"标签背后的意义

在时间标签体系中，每个标签都包含两方面的内容。

"学习成长"既包含学生时代的学习情况，也包含工作、创业后的成长经历。

"工作事业"既包含正在进行的工作，也包含未来的事业。

"社会交际"既包含线下社交，也包含社交网络上的线上社交。

"家庭生活"既包含与个人生活相关的事务，比如洗漱、洗衣服、去洗手间、生病等，也包含陪伴家人、就餐等活动。陪伴家人一起吃饭属于"家庭生活"的一部分，而对于社交场合的就餐，饭后活动则属于"社会交际"范畴。

需要说明的是，生病是与生活事务相关的，换句话说，与预防疾病相关的行为在一定程度上有利于提高生活质量和工作效率。

"健康休闲"既包含跟健康相关的运动，也包含跟休闲相关的休闲娱乐。

"交通时间"是比较独立的时间标签，不管在交通时间内做了什么事情，这个时间段都归属于"交通时间"。

"睡眠时间"包含晚上的长睡眠时间和长睡眠之外的午休时间，比如，早上 10 点的短睡眠、下午 3 点后的短睡眠，都可以算作午休时间，这样便于和晚上的长睡眠进行区分。

需要注意的是，如果早上只是起来一小会儿，然后继续睡回笼觉，睡回笼觉的时间是算作长睡眠时间的，属于长睡眠的一部分。

如果晚上没有睡着，并且睡觉之前也没有玩手机，那么这段躺下没睡着的时间也算睡眠时间，可以理解为这段时间是为睡眠做准备的，这样可以避免睡到半夜可能突然想起来没有做时间记录，而不得不爬起来做时间记录。如果在睡觉之前，意识非常清醒，并且还玩了一段时间的手机，那么这段睡前玩手机的时间算作 09. 健康休闲：休闲娱乐，属于没有睡觉、打发时间的休闲时间。

这些标签代表了在生活中我们每天多多少少都会投入的事项，并且包含了日常生活中的典型场景。我们刻意没有设置很多种标签，这是为了让时间记录者降低记录成本。因此，我们不需要做过多的生活场景拆分，以避免耗费更多的精力。

时间记录是有成本的，我们要控制这种成本，只要能记录下典型数据，能观察学习、工作、家庭、社交、健康、交通、睡眠等维度之间是否平衡，并且能进行有效衡量，就可以获得相应的收益。

"时间记录"的要点

时间记录中信息收集的三个维度是：客观、及时和持续。

客观，是指客观地记录事情本身，要具体到你在任何时候看到这条记录，都能清晰回忆起这件事。

及时，是指在记录的时候把握好"什么时候开始、什么时候结束"这两个时间节点，尽量减少与实际时间的误差，这需要养成习惯。在《奇特的一生》一书中，作者提到柳比歇夫的"事件时间记录"的误差控制在 5 分钟以内。以我们现在使用的手机 APP 的技术优势，误差可以控制在更小范围。

持续，是指在建立了自己的时间记录体系之后，时间记录一定要持续不中断。只有长时间的记录才能体会其中的好处，长时间记录的习惯，会让我们更好地活在当下。

做时间记录需注意如下几方面要点。

（1）保持时间记录的真实性，尽可能精准。"真实"是指客观地记录，发生什么就记录什么，将事情发生的状态如实地记录下来。"精准"是要求记录的误差不大于 15 分钟。24 小时换算成分钟是 1440 分钟，不大于 15 分钟，即误差控制在一天时间的 1%以内。尽量减小误差，让数据准确。

（2）不要凭记忆记录时间，人对时间的记忆在多数情况下是不可靠的。对于与时间相关的数据，要在事情发生的当下就做好记录，并对事情进行描述。事后凭借回忆所记录的数据会有误差，甚至有时候会记不清楚自己过去到底做了什么。

（3）选择的时间记录场景要有代表性，比如涉及学习成长、工作事业、家庭生活、社会交际、健康休闲、交通时间、睡眠时间等不同维度的场景在发生变化时，才去记录。

在一个场景里，如果时间性质没有发生变化，时间记录的区段就不需要重新划分，甚至不用理会时间记录这件事，而是专注于当下正在做的事情，认真过好生活。

比如"学习成长"，如果一直都在学习环境中，全天都在上课，上课的时间都属于学习时间；如果一直在图书馆看书，因为场景没有发生变化，所以这段时间属于阅读时间。不需要切换场景，也就不需要切换正在进行的时间记录场景。

再比如工作场景，如果一天上班 8 小时，则 8 小时都属于"工作事业"时间。在工作中，会和同事沟通、与客户交流，以及向领导汇报工作进度，只要是工作时间，相关性质没有发生变化，则都属于"工作事业"时间。在做时间记录时，不需要对场景进行切换。

对于所选择的场景，根据我过去多年的经验，平均每天记录的时间成本在 10～15 分钟，也就是占用每天总时间的 1%以内，这样可以大致知道自己的时间使用情况。如果再增加时间记录成本，对于有些读者来说，会导致时间成本太高，以至于无法进行长期的时间记录。

适当地控制时间记录成本，选择有代表性的时间记录场景，有助于我们养成长期做时间记录的好习惯。

（4）对所记录的时间进行调整。每天要定期查看过去的时间记录是否完整，以及检查记录下来的数据——有哪些事件描述需要扩充、是否需要修改时间标签，等等。

（5）持续不断地记录，给自己设置一个记录时间的截止时间，比如 50 年这样的长度。读者可以按照这个公式计算：把你正在阅读这本书的日期写下来，然后在当下日期的年份数字上增加"50"，50 年后的今天，就是结束时间记录的那一天。

为什么是 50 年，而不是更短或更长的时间呢？如果再短一些，你可能不会认真思考时间记录这件事，在遇到困难或挫折时，可能会中断甚至放弃。

在 50 年的时间长度上，如果遇到挫折，也都是一些小困难，目标足够远大，更能战胜眼前的困难——即使不知道怎么做时间记录、不知道细节要点等，但时间越长，越有足够的机会来优化时间记录这件事。

如果比 50 年再长，对于有些读者来说，会显得时间跨度太长。而实际上，如果能够做到连续 50 年做时间记录，那么就会继续再做第 51 年，甚至更长时间。当然，50 年长度的时间记录，只是作为一个参考值，读者可以根据实际情况进行调整，以便给自己制订一个合理的计划。

设置截止时间的本意是希望能在刚开始时，就给自己定下一个目标，有了明确的目标，时间记录体系才有使命和意义，我们才能更加认真地对待和思考时间记录本身所需要做的和需要完善的细节。

除了在时间记录上设置截止时间，也可以在其他事情上设置相应的截止时间；如果要养成一个好习惯，这个好习惯的关键词要持续地在时间记录中出现。

第 4 节　"时间统计"APP

根据本书的时间记录理论，我们开发了一款用于做时间记录的 APP——"时间统计"，读者可以关注公众号"时间统计"APP，找到菜单栏，点击"安卓 APP"或"苹果 APP"，将书中的理论进行实践。

前几年，我一直用"TimeMeter"APP 做时间记录，但该 APP 只能在安卓手机上使用，我也给时间记录社群的学员推荐过一款适用于苹果手机的时间记录 APP——"iTimeLog"。

随着时间的推移，"TimeMeter"在一些主流应用商店比较难找到，也有很多人会跟我讨论如何更好地做时间记录，并提出了一些有助于记录的需求，因此我萌生了开发一个更符合本书理论的 APP 的想法，于是"时间统计"APP 诞生了。

"时间统计"APP 的设计理念，包含了我从 2013 年至今做时间记录的心得，以及近百位时间记录学员超过 120 万小时持续记录的迭代反馈。

下面对"时间统计"APP 的功能进行简单介绍。

1．未登录界面

用户可点击头像使用微信账号登录，如图 1.4.1 所示。

图 1.4.1

2．已登录界面

用户可自行选择性别、修改生日及填写预期寿命等，如图 1.4.2 所示。

图 1.4.2

3．时间记录界面

如图 1.4.3 所示，用户在"事件描述"一栏实时记录当下所做的事情，选定"时间标签"，设定"开始时间"，在做完事情之后点击一次"⊕"，此时间节点即被设定为做完该事情的结束时间；然后写下你正在做的事情，结束后，再点击"⊕"。

图 1.4.3

4．时间记录补记

时间记录补记功能可快速插入缺失的数据。

如果在某时间段之前，有文字是红色的，点击红色文字时间段，可以看到"↑"或"↓"，点击"↑"或"↓"，可以快速插入两个时间段之间缺失的数据。

如果想要增加一个时间段，先将某个时间段开始时间或结束时间调整为正确的时间，保存后再展开，点击"↑"或"↓"，可以快速补充好新的时间段，如图 1.4.4 所示。

5．时间记录修改

如果某条时间记录未添加"事件描述"和"时间标签"部分，其下方会有灰色块闪动，补充完整后，灰色块会消失，如图 1.4.5 所示。

图 1.4.4   图 1.4.5

6．时间记录检索

在"搜索记录"界面，用户在"事件描述"及"时间标签"中分别输入关键词，选定检索时间段，即可检索到该类关键词的记录条目，如图 1.4.6 所示。

图 1.4.6

第 5 节　如何记录关键词

1. 记录事件描述的两个原则

记录事件描述的两个原则分别是：

（1）多用名词。

（2）如实记录。

事件描述的关键词越清晰，越有助于分析数据，关键词出现的频率高低代表时间投入的多少。比如，如果投入了"教练技术"，这个关键词就会经常出现，而对于没有投入的人来说，这个词则不会出现。

建议在关键词中加一个动词并将其组成一个新名词，比如，学习教练、教练客户。

这样方便区分学习教练和教练客户这两件事情。因为学习教练属于 04.学习成长，而教练客户属于 05.工作事业。

2. 同类事件的关键词保持一致

对吃午餐这件事情的描述，一旦用了"午餐"，以后关键词都是"午餐"，而一旦用了"中饭"，以后的关键词都是"中饭"。

3. 事件描述比时间标签更重要

有了事件描述之后，时间标签就很好归类。事件描述会带来更详细的数据，只要几个关键词，就可以让时间记录的分类更加清晰。但是反过来，只记录时间标签，则无法知道当时具体做了什么事情。

4. 事件描述中避免使用英文标点符号

在做事件描述时，一般建议用中文格式的逗号来进行文字分割，尽量不要使用英文标点符号，尤其是英文的逗号、空格和分号。

因为在用 Excel 表格做时间分析的时候，这几个符号可能与 Excel 的分隔符发生冲突。如果在记录事件描述的时候用了这些符号，会对以后的分析造成困扰。

大部分时间记录软件都可以导出 CSV（以逗号分隔值）文件，而当 CSV 文件导入 Excel 表格时，分隔符就变成了英文格式的逗号。所以，用于事件描述的关键词多用中文逗号，不要用英文逗号，这样就不会在分析阶段给自己带来困扰。

请记住，不要用英文标点符号做事件描述关键词的分隔符。

第 6 节 多用名词精准定义

"家"要具体到小区名

家是一个笼统的概念，并非精确描述。在时间记录的事件描述中，可以将"家"改为小区的名字。对你来说，某处的房子在某种程度上是暂时的，你住过的房子，这辈子可能不止一个，尤其不是自住或者是打算置换的房子，而"家"的定义在未来几十年代表的意思不一样。

对于很多人来说，不同年龄阶段"家"所代表的含义也不一样，小时候父母的住所是"家"，长大后会有属于自己的"家"，它们都是"家"。因此，加上小区的名字就比较容易区分。

当然，对于好几个"家"来说，如果是在同一个小区，那么就加上小区楼的楼号；如果是同一个小区、同一栋楼，那么就加上楼层的层号；如果是同一个小区、同一栋楼，并且在同一层有两个"家"，那么就加上房间号。

总之要细分到可以区分不同的"家"，每个"家"有其相对独立的属性。

"家人"要用具体的名字

在做时间记录时，如果活动是陪伴家人，要写出家人的具体名字，而不是称呼。名字是一一对应的，而一个称呼可能对应多人。

比如，"大姐"是称呼，对于一个家庭来说，可能是男方的大姐，也可能是女方的大姐，甚至在社交关系中，有些人会尊称对方为大姐。为了能够加以区别，要写出"大姐"的名字。不然时间长了，会忘记具体是指哪位大姐。

再比如，"孩子""宝宝"是称呼，可以改为具体的名字，不仅是因为你的孩子可能不止一个，再过二三十年，你可能还会有孙子孙女，他们也是"孩子""宝宝"。

"水果"用具体的水果名称

"水果"是笼统大类，"苹果"则是更精确的描述，如果能再细分地写出具体的水果种类，那就更符合规则了。

你写得越详细，说明你越专业，能写出"红星、富士系、津轻系"等不同苹果种类的人，代表在"苹果"领域比大部分人更专业。

同时，不同水果的营养成分不一样，如果是水果，要写出和这个水果有关的具体名词。比如，吃苹果、吃红富士苹果，或者吃杜果、吃大青杜等。

连锁店要写出具体的分店名称

对于连锁店，只写品牌名还不够，有些店铺在同一个区域可能有多家连锁店，所以要写清楚分店的名称。

有些连锁店甚至用的是同一个名字，因为租约到期或者扩张而换地方，我们在时间记录中暂且不考虑这么细，但是有必要把连锁店的具体名称写清楚。尤其是与交通时间相关时，同样的品牌名、不同的店的交通时间会不一样。

如果全国有多家连锁店，可以这样记录："品牌名+某某店"。我们常见的品牌店，比如星巴克、肯德基，如果不写清楚具体的店名，可能在繁华地段都很难找到。

多记录详细的地点

有的人喜欢练钢琴，在练钢琴的时候，可以记录下练琴的地点。如果有老师指导，还可以记下老师的名字，将事件描述更加清晰化。

午休，可以记录午休的地点。假如经常在家里或公司午休，但如果搬家了或者公司扩张换了办公室，午休的地方就不一样了。

从长时间、长周期来看，很多事情会发生变化，关键词尽可能明确，多用名词，多用能精准定义的名词。而加上详细的地点，相当于给事件描述增加了空间上的维度，就会更立体化。时间记录的维度越多，包含的素材和信息越丰富。

第 7 节　阅读时间如何记录

书中提到的阅读，是指运用阅读的能力从事与阅读相关的活动。只要是在阅读，不管是读电子书还是纸质书，都算是阅读。

阅读网络小说，也应该算作 04.学习成长：阅读时间。需要注意，在记录关键词的时候，尤其要写明书名，方便日后回顾和分析。

比如，在"时间统计"APP[①]里的记录如下：

事件描述：阅读，《×××》，第 1 页～第××页，纸质书/电子书

时间标签：04.学习成长：阅读时间

建议给事件描述中的关键词加上书名号，格式如下：

阅读，《书名》

看电视，《电视剧名》

[①] 注："时间统计"APP 可以选择开始时间和结束时间，并会自动计算持续时间，因此书中只列举"事件描述"和"时间标签"。

看电影，《电影名》

看综艺，《综艺节目名》

书名号很重要

如果没有阅读某本书，时间记录里就不会出现这本书的书名。关于图书的描述，不管读什么书，都建议加上书名号。如果在手机上没有用书名号记录，那么后续把数据导入电脑的时候，一定记得加上。

书名号代表图书是正式出版物，属于专有名词，而有些名称，有可能是书的名字，也有可能是一家店的名字；书名号也是一个与关键词相关的搜索词，相当于为时间分析埋个点。

复习一本书，如何记录

> 提问：我今天花 5 分钟翻了一本过去读过的书，在时间记录里如何记录？是阅读了某某书，还是复习了某某书？

> 回答：阅读，《书名》。可以注明是第几遍阅读。

阅读过一本书，它是出现在你的生命中的。我们只是客观地把出现在生命中的事情记录下来。为什么是这本书，而不是其他书的名字？

客观地记录，是什么就是什么，持续了 5 分钟就是 5 分钟。把这条数据单独抽出来，并不算是把这本书看完了，虽然只花了 5 分钟，但这 5 分钟在生命中是真实存在的。

提问：我翻了一本书，可能只有两三点内容是让我感兴趣的，这在时间记录里也算是阅读了这本书吗？

回答：在时间记录中，不算阅读了这本书，但可以记录。

记录，是指发生什么就记录什么。

至于算不算阅读，这是带有评判标准的，不属于"记录"的范畴，属于分析的范畴。比如，我们见一个人，见到这个人，是一种"记录"，能不能说见了一个人就等于认识这个人呢？不一定，还要具体分析。

第 8 节　学习成长如何记录

和学习伙伴聊天如何记录

提问：如果学习小组的成员一起学习，大家学着学着就开始聊起天来，这段时间是属于学习时间，还是属于社交时间？

回答：属于很典型的社交时间。

提问：在记录的时候，应该把自己的学习时间和社交时间分开吗？有时场景转换得特别自然，不知道应该在什么时候停下来去记录，怎么办？

回答：不用转换，都属于社交时间。

比如，在"时间统计"APP 里的记录如下：

事件描述：××线下课，××地点，小组讨论（小组成员名字）

时间标签：07.社会交际

学习时间属于投资性时间，记录中少一点没关系，以后想办法增加更多沉浸式的学习时间的比重，而不需要太多"水分"；和小组成员聊天是属于典型的社交活动，把事情写清楚就好。

单纯的语音写作时间如何记录

语音写作在"事件描述"中的记录格式为：语音写作，字数，地点。

比如，在"时间统计"APP 里的记录如下：

> 事件描述：语音写作，××万字，××小区
>
> 时间标签：04.学习成长：写作时间

地点名词在记录之后，以后会有更多可适用的场景，而有些场景可能一辈子只记一次，会特别有纪念意义。

两件事同步进行，如何记录

如果遇到两件事同步进行，应该如何记录？比如，语音写作和做艾灸同时进行。如果在写作上足够专注，这段时间就属于写作时间。

比如，在"时间统计"APP 里的记录如下：

> 事件描述：语音写作，××万字，××小区，艾灸
>
> 时间标签：04.学习成长：写作时间

如果在写作上不够专注，时间标签则属于生活事务。比如，在"时间统计"APP里的记录如下：

> 事件描述：语音写作，××万字，××小区，艾灸
>
> 时间标签：08.家庭生活：生活事务

很多人认为，时间记录的目的是要记录每一个生活细节，但实际上其目的是让我们掌握生活的整体平衡。也就是说，让我们知道专注于正在做的事情属于生活工作中的哪个维度。

我们在记录时应当注意时间误差，对于小范围的时间（比如几十小时）误差，一般不会影响时间记录的整体进程。

在学习过程中开小差，应该如何记录

如果学习过程中开小差的时间不长，可以仍归属 04.学习成长，比如上午学习了3小时，中途有5分钟走神了，仍然可以把上午的3小时都归属为 04.学习成长，而不用将走神的时间单独记录。

比如，在"时间统计"APP里的记录如下：

> 事件描述：学习时间记录，××地点
>
> 时间标签：04.学习成长

如果走神的时间比较长，比如有近半小时在发呆，这半小时则归

属 09.健康休闲：休闲娱乐。

下面是在"时间统计"APP 里的三个连续事件的记录：

> 事件描述 1：学习时间记录，××地点
>
> 时间标签：04.学习成长

> 事件描述 2：发呆，××地点
>
> 时间标签：09.健康休闲：休闲娱乐

> 事件描述 3：学习时间记录，××地点
>
> 时间标签：04.学习成长

因为在高度专注的情况下，我们可以指挥和使用大脑。如果不能控制大脑，从某种程度上说，大脑就需要休息了。不受控制的走神、发呆都归属 09.健康休闲：休闲娱乐，这是大脑在做自我保护，不被过度使用。

用排除法来选择时间标签

如果同时在做好几件事，不知道到底应该归属于哪个标签，怎么办？可以用排除法来确定，也就是问自己，这件事不做行不行？如果不行，那么就记入这件事所属的时间标签。其余同时在做的事情，在事件描述中记录清楚即可。

举个例子，交通时间属于比较特殊的时间标签类型。在交通时间内看电影，是属于交通时间还是属于休闲娱乐呢？交通时间一般是从一个地方到另外一个地方所花费的时间，这是不得不做的事情，但交通方式可以有多种，比如打车、开车、乘公交、乘地铁等。在交通时间内可以选择看不同的电影，甚至可以写作、看书、听音乐，等等。从这个角度来说，从一个地方到另外一个地方的目标不变，但是看电影这件事可以变，所以休闲娱乐被排除，那么就只能选交通时间了。

第 9 节　工作事业如何记录

工作中的琐事如何记录

提问：上班时洗茶杯、倒水等准备工作怎么记录？

回答：洗茶杯算作 05.工作事业，在事件描述里，可以加上关键词：洗茶杯。因为这些事情都是因为工作而产生的。如果没有工作的限制，洗茶杯就可以归属 08.家庭生活：生活事务。

提问：上班期间跟别人聊天，是否需要单独记录？是否需要根据聊天内容，将其分为社交网络和学习成长两类？

回答：工作时的聊天，归属 05.工作事业，因为都是因工作而产生的。

比如，在"时间统计"APP 里的记录如下：

事件描述：聊天，同事××，××办公大楼

时间标签：05.工作事业

如果不是在工作时间的聊天，则归属 07.社会交际。

在"时间统计"APP 里的记录如下：

> 事件描述：聊天，同事××，××办公大楼
>
> 时间标签：07.社会交际

在工作时间去学习如何记录

提问：一天的工作时间比较长，利用工作时间学习，需要单独记下来吗？

回答：一般还是算作 05.工作事业。注意，工作和事业是两个维度，在工作时间里的学习，有可能是为事业做准备。

比如，在"时间统计"APP 里的记录如下：

> 事件描述：工作，学习××内容
>
> 时间标签：05.工作事业

提问：为什么"工作事业"里的学习不算作 04.学习成长？

回答：学习能发挥最大价值的前提是，在自由状态下，是否拥有自由的时间和自由的态度。我们在可以学习任何自己想学的东西且不被外界干扰的时候，这种学习自由度最大，最有可能创造、创新。

在工作时间里的学习不够自由，是因为必须在工作场景中学习。如果在工作时间里，你可以去任何地方学习，比如图书馆，或者有一个还不错的课程可以学习，这时候时间标签可以算作 04.学习成长。

如果工作时间里的事情不多，学习的时间在本质上还是属于工作时间，只不过是因为效率高，你获得了更多的增值时间。

如果能力更强，其实可以做更多的工作，比如开创伟大的事业。这段时间里的学习，也许是为开创事业而努力，最终是回到事业上的，所以属于 05.工作事业。

第 10 节　社会交际如何记录

打电话的时间如何记录

对象不同，目的不同，打电话这一事件归属的时间标签也不同。如果是给朋友打电话，在大多数场景下可以记录为 07.社会交际：社交网络。

比如，在"时间统计"APP 里的记录如下：

> 事件描述：电话，××人（朋友名字）
>
> 时间标签：07.社会交际：社交网络

如果是给父母打电话，并以情感交流为主，记为 08.家庭生活：陪伴家人，第 11 节有详细介绍。在"时间统计"APP 里的记录如下：

> 事件描述：电话，爸妈，××地点，聊天主题
>
> 时间标签：08.家庭生活：陪伴家人

给除直系亲属和伴侣之外的亲戚打电话，也记入 07.社会交际：社

交网络，在"时间统计"APP里的记录如下：

> 事件描述：电话，××名字，××地点
>
> 时间标签：07.社会交际：社交网络

如果是大家庭聚会，则属于08.家庭生活：陪伴家人，在"时间统计"APP里的记录如下：

> 事件描述：聚会主题，××地点，亲人名字或称呼
>
> 时间标签：08.家庭生活：陪伴家人

如果是与客户或者合作伙伴打电话，记为05.工作事业，在"时间统计"APP里的记录如下：

> 事件描述：工作，电话，××客户名字
>
> 时间标签：05.工作事业

约会时间如何记录

领结婚证之前的约会属于07.社会交际。领结婚证之后的约会就属于08.家庭生活：陪伴家人。与伴侣一起做的事情，比如吃饭、坐车、看电影、去游乐场等，不同的项目就正常计入对应的时间标签类型里，在事件描述中记录清楚即可。

比如，一起坐车，记为11.交通时间，在"时间统计"APP里的

记录如下：

事件描述：从××小区（地点A）到××餐厅（地点B），××（对方名字），打车

时间标签：11.交通时间

一起吃饭，记为 08.家庭生活：餐饮时间，在"时间统计"APP里的记录如下：

事件描述：晚餐，××餐厅，××（对方名字）

时间标签：08.家庭生活：餐饮时间

一起看电影，记为 09.健康休闲：休闲娱乐，在"时间统计"APP里的记录如下：

事件描述：看电影，《电影名》，××（对方名字），××影院

时间标签：09.健康休闲：休闲娱乐

一起聊天，只有注意力在对方身上的时候，才算作 07.社会交际，在"时间统计"APP里的记录如下：

事件描述：约会，散步聊天，××（对方名字），××地点

时间标签：07.社会交际

做义工的时间如何记录

做义工是为社区服务，算作 07.社会交际。

在"时间统计"APP 里的记录如下：

事件描述：义工，陪老人包饺子，××敬老院

时间标签：07.社会交际

第 11 节　生活事务如何记录

吃水果如何记录

吃水果属于什么时间标签，要看在什么场合。一般来说，吃水果的时候可能是在休息，算作 09.健康休闲：休闲娱乐，如果是与朋友聊天的时候吃水果，那么就要算作 07.社会交际。

比如，在"时间统计"APP 里的记录如下：

> 事件描述：加餐，柚子，××小区
>
> 时间标签：09.健康休闲：休闲娱乐

找物品如何记录

生活中，"找银行卡""找裤子"之类的找物品的时间，属于 08.家庭生活：生活事务。从长期来看，找物品花了很多时间，就要思考有没有可以改进的地方，比如物品及时归类。

比如，在"时间统计"APP 里的记录如下：

> 事件描述：找银行卡
>
> 时间标签：08.家庭生活：生活事务

看病如何记录

看病时的候诊是属于"健康休闲"还是属于"家庭生活"呢？医生面诊又是属于哪类时间标签呢？

候诊和医生面诊属于典型的生活事务，算作 08.家庭生活：生活事务，看病是为了生活正常进行，如果是日常锻炼则算作 09.健康休闲：运动时间。

比如，在"时间统计"APP 里的记录如下：

> 事件描述：体检/看医生，××医院××科室，大致内容
>
> 时间标签：08.家庭生活：生活事务

和家人通电话如何记录

和家人通电话时，如果是偏重于情感交流，算作 08.家庭生活：陪伴家人；如果是为了交代一些日常事务，算作 08.家庭生活：生活事务。

比如，在"时间统计"APP 里的记录如下：

> 事件描述：电话，爸妈，××地点，聊天主题
>
> 时间标签：08.家庭生活：陪伴家人

吵架也是"陪伴家人"吗

和家人吵架归属 08.家庭生活：生活事务，吵架是为了让生活正常进行而进行的生活事务。

比如，在"时间统计"APP里的记录如下：

事件描述：吵架，××（对方名字），××地点，吵架事由

时间标签：08.家庭生活：生活事务

第 12 节　餐饮时间如何记录

记录用餐时间的三个关键属性

记录用餐时间的三个关键属性分别是：

Where（地点）、Who（和谁吃）、What（吃什么）

示例如下：

（1）早餐，在哪里，和谁，吃了什么。

（2）中餐，在哪里，和谁，吃了什么。

（3）晚餐，在哪里，和谁，吃了什么。

记录食物种类，可以方便以后做自身健康分析，比如营养的均衡性和菜品的多样性。

记录地点和人员，在后期分析的时候，可以知道是在哪里吃，以及是一个人吃，还是和大家一起吃。

描述的详细程度，要与自己能承受的时间成本相关联，过于详细要花费很多时间，只要做到足够详细，能够传递信息即可。

比如，在"时间统计"APP里的记录如下：

> 事件描述：午餐，××名字，××地点，菜名1，菜名2，菜名3
>
> 时间标签：08.家庭生活：餐饮时间

等餐时间如何记录

如果出去吃饭，等餐的时间也应该算作"餐饮时间"，因为时间是等值的，等餐时间是时间成本，应该计入餐饮时间。

以后在做决策时，可以选择提供更快服务的餐厅来降低等餐的时间成本，或者选择一家饭菜味道确实好的餐厅，愿意承受该时间成本。

提示，如果与朋友在外面吃饭，吃完饭之后的活动事项算作07.社会交际。

比如，在"时间统计"APP里的记录如下：

> 事件描述：晚餐，××（对方名字），××地点，菜名1，菜名2，菜名3
>
> 时间标签：08.家庭生活：餐饮时间

事件描述：聊天，××（对方名字），××地点

时间标签：07.社会交际

做饭和吃饭要分开记录

做饭属于 08.家庭生活：生活事务，吃饭则属于 08.家庭生活：餐饮时间。

如果可以在饭馆吃饭，甚至请保姆在家做饭，说明做饭是可以花钱请人来做，即可以"外包"出去的。而餐饮时间则不能"外包"，在家里吃饭时只计算进食的时间。

比如，在"时间统计"APP 里的记录如下：

事件描述：做午餐，××地点

时间标签：08.家庭生活：生活事务

从拿起筷子到放下碗筷，这段时间算作 08.家庭生活：餐饮时间：

事件描述：午餐，××（家人名字），××地点

时间标签：08.家庭生活：餐饮时间

坐在餐桌上和家人聊天，就属于 08.家庭生活：陪伴家人。这样按时间标签划分之后，餐饮时间就不会太长。

事件描述：聊天，××（家人名字），××地点，聊天主题

时间标签：08.家庭生活：陪伴家人

第 13 节　休闲娱乐时间如何记录

和家人看电视如何记录

和家人看电视这项活动算作 09.健康休闲：休闲娱乐，在记录关键词的时候，注意把家人的名字写进去。

比如，在"时间统计"APP 里的记录如下：

> 事件描述：电视剧，《电视剧名》，××（家人名字），××
> 小区客厅
>
> 时间标签：09.健康休闲：休闲娱乐

怎样算"陪伴家人"，聊天算吗

与家人在一起，以深度聊天为主要活动的时候，这段时间归属 08.家庭生活：陪伴家人，但是涉及其他娱乐属性的活动时，就属于 09.健康休闲：休闲娱乐。

比如，在"时间统计"APP 里的记录如下：

事件描述：聊天，××（家人名字），××小区

时间标签：08.家庭生活：陪伴家人

看新闻如何记录

如果只是随便浏览新闻，就算作 09.健康休闲：休闲娱乐。如果看了之后又去研究新闻的来源、数据、观点及证据，也就是看了之后进行系统化分析，可以算作 04.学习成长。

比如，在"时间统计"APP 里的记录如下：

事件描述：刷新闻/刷公众号文章/刷朋友圈

时间标签：09.健康休闲：休闲娱乐

不知道做了什么，如何记录

在做时间记录的时候，不能有空白时间段。对于不知道做了什么事情的时候，可以记录如下：

不知道做了什么，休息一下

比如，在"时间统计"APP 里的记录如下：

事件描述：休息一下，发呆

时间标签：09.健康休闲：休闲娱乐

开小差如何记录

提问：工作途中如果开小差，需要把开小差作为一个单独的事件记录下来吗？

回答：如果开小差的时间不长，则不用单独记录；如果时间比较长，比如在工作时间"逛"了一小时网页，可以单独记录，记为 09.健康休闲：休闲娱乐。

使用番茄工作法的 5 分钟休息时间如何记录

提问：看书期间每 25 分钟的阅读时间结束后，休息 5 分钟，以这个规律休息的时间算作什么类型的时间标签？

回答：算作 09.健康休闲：休闲娱乐，大脑是需要休息的。

逛淘宝属于"休闲娱乐"吗

如果逛淘宝的时间是可控的、有目的的，比如买家里需要的日用品等，可以算作 08.家庭生活：生活事务。

比如，在"时间统计"APP 里的记录如下：

> 事件描述：淘宝，买××
>
> 时间标签：08.家庭生活：生活事务

如果是以打发时间为主，刷淘宝停不下来，算作 09.健康休闲：休闲娱乐。

> 事件描述：淘宝，随便逛逛
>
> 时间标签：09.健康休闲：休闲娱乐

恢复精力的休息如何记录

提问：刻意为恢复精力所进行的休息，比如喝水、看远方、深呼吸，应该是算作 09.健康休闲：休闲娱乐，还是算作 09.健康休闲？

回答：算作 09.健康休闲：休闲娱乐，因为这个行为是为了维持健康，长期不这么做，容易出现各种小状况，比如情绪问题、眼睛疾病等，并且休息是"休闲娱乐"里一项很重要的事件。很多活动都可以归到这一类，人是一种需要休息的动物。

09.健康休闲这个标签是为保证标签体系的完整性而设定的，用于记录既不能划到 09.健康休闲：休闲娱乐，又不能划到 09.健康休闲：运动时间类别中的其他休闲活动。但大部分休闲活动都可以划到这两类，因此，09.健康休闲这个标签极少使用。

第 14 节　交通时间如何记录

交通时间的标准记录形式为：

从地点 A 到地点 B，交通工具，其他描述

其中，A 和 B 是地名，不要写人名，也就是不要写为：去某某家或者去某某人的公司。要写具体的地名，在写上具体的小区名字或大厦名字之后，数据会更加清晰。

比如，在"时间统计"APP 里的记录如下：

事件描述：从××大厦（地点 A）到××小区（地点 B），开车，××（同行者名字）

时间标签：11.交通时间

等车的时间如何记录

交通时间是从地点 A 出门开始计时，最后到达地点 B 算作结束。如果等车时间属于这个时间段，则要算作 11.交通时间。

比如，在"时间统计"APP 里的记录如下：

事件描述：从××小区（地点 A）到××高铁站（地点 B），开车，××（同行者名字）

时间标签：11.交通时间

事件描述：候车，××高铁站，××（同行者名字）

时间标签：11.交通时间

事件描述：从××高铁站（地点 B）到××高铁站（地点 C），高铁，××（同行者名字）

时间标签：11.交通时间

把时间数据记录下来之后，就可以想办法改进，比如重新规划出行路线、避开拥堵路段，或者避开交通高峰时段，等等。

如果交通时间不可缩短，或不能避开交通高峰期，那么就从更长的时间维度，比如 10 年来计算时间成本和收益。

通勤过程中做了其他事情，如何记录

通勤过程中可能会看书，可能会听音乐，这些活动都可以记到事件描述中，但是时间标签还是算作 11.交通时间。

比如，在"时间统计"APP 里的记录如下：

> 事件描述：从××高铁站（地点 B）到××高铁站（地点 C），高铁，××（同行者名字），听歌/阅读《书名》/给某某打电话等
>
> 时间标签：11.交通时间

骑车上班算运动吗

不管用什么方式上班，时间标签都要算作 11.交通时间。花费这段时间的实际目的是从一个地方到另外一个地方，只不过这段时间内的交通效率高，并且起到了运动健身的效果。

只有纯粹的骑车或者去健身房运动，这样有健身目的的活动才属于运动时间，其时间标签归属于 09.健康休闲：运动时间。

第 15 节 睡眠时间如何记录

睡回笼觉如何记录

如果是早上起来刷了一会儿手机又继续睡，在事件描述中要写为：睡回笼觉。

比如，在"时间统计"APP 里的记录如下：

> 事件描述：睡回笼觉，××小区
>
> 时间标签：12.睡眠时间

睡回笼觉属于 12.睡眠时间，本质上是因为睡眠不够。反过来，如果一觉睡 16 小时，大部分人会忍不住要起床。

如果睡觉和睡回笼觉这两个时间段是连在一起的，建议直接把起床时间往后调，让睡眠时间更充足。还可以分析一下，两个时间段连在一起的概率有多高，比如 365 天里这两个时间段有多少次是记录在一起的。

赖床如何记录

赖床的时候如果在刷手机,这段时间的时间标签属于 09.健康休闲：

休闲娱乐；如果过了一会儿又睡着了，就是睡回笼觉，属于 12.睡眠时间。需要区分，二者的状态和时间属性是不一样的。

躺在床上没睡着，如何记录

躺在床上没睡着，也没看手机，算作 12.睡眠时间；看了手机，就属于 09.健康休闲：休闲娱乐。

　　提问：睡前给孩子们讲故事或者自己看书，如何记录？

　　回答：讲故事，算作 08.家庭生活：陪伴家人，自己看书，属于 04.学习成长：阅读时间。

午休没睡着如何记录

虽然午休时没睡着，但是仍然是为睡觉做了准备，和上班的时候没认真工作一样，这段时间仍然要算作工作时间。午休没睡着，仍要归属于 12.睡眠时间：午休时间。

比如，在"时间统计"APP 里的记录如下：

> 事件描述：午休，××地点
>
> 时间标签：12.睡眠时间：午休时间

失眠属于什么时间标签类型呢？如果躺在床上没有起来，这段时间属于"睡眠时间"，不用额外记录；如果中途起来了，就属于"休闲娱乐"时间。

第 16 节　定期查看，及时补记

尽量做到当下记录

凡是已经发生的事情，客观记录下来，以后就可以回顾。记忆是靠不住的，要靠日常随时去记录，发生什么就记录什么。

当一件事情结束之后，就立刻记下来，时间成本最低。如果要等到很久之后再补充数据，就很有压力。在事情发生的当下就进行记录，这是基本功。

虽然做时间记录是项基本功，但是要反复强调的是：可能三五年都是用最基本的方法去记录。时间记录是一个需要长期培养的习惯，一点儿也不能松懈，数据越准确就越有指导意义。

对时间记录的检查

每天晚上睡觉之前，看一下当天的时间记录数据，第二天早上起来的时候，也看一下数据。

月中总结一下上半月的时间记录数据，在"时间统计"APP 上选择"月视图"（"时间统计"APP 中，对于连续的两个时间段，在前一时间段的结束时间节点与后一时间段的开始时间节点之间，如果出现了时间重叠或者中断，时长超过两分钟即会显示为红色），看看哪天漏记，或者哪些事件需要补充关键词，这样就可以减少月末的补记任务量。

时间记录检查事项包括：

（1）看看当前的数据中有没有遗漏重要信息。

（2）有没有未填写的"事件描述"或"时间标签"。

（3）已填写的"事件描述"是否需要补充和完善，"时间标签"是否有错误。

如果补记时间记录耗时太长，其改进方法包括：

（1）尽量在当下记录，一般在切换场景时，总有一些碎片化的时间可以利用。

（2）尽可能提高打字速度。

经常忘记记录怎么办

多利用身体的移动来提醒自己，比如在同时做很多事情的时候，身体经常会发生移动，只要身体移动，就记得点击一下时间记录APP。

第 17 节　关于"事件描述"

如果事件描述在当时记录得不够清楚，后期还可以修改。修改原则如下：

（1）如果在一段时间之后对之前做过的某件事情"失忆"了，但是在看到这项记录时就能回忆起来，自己在这段时间做了什么事情。

（2）如果陌生人拿到这份时间记录数据，能知道你在这段时间做了什么事情。

再次强调，事件描述中一定要多用名词。

利用"事件描述"对比预期和结果

提高自己对时间的感知能力，可以在每件事情开始之前，就提前预估需要花费的时间，等这件事情实际完成之后，再来对比预估用时和实际用时，找出其中出现偏差的原因。经过长期训练，就能对自己做每件事情所需的时间有大致了解。

> 我要求自己在点击"开始"的时候，就在"事件描述"中填好预估用时，在结束的时候再修正，这样预估用时和实际用时也有一个对比。
>
> ——时间记录社群学员

手机里的关键词太多，显示不全怎么办

提问：手机屏幕无法显示全部信息，只能出现一部分内容，我需要一直用逗号记录下去吗？

回答：是的，只要没停下来，记录下去就好。手机不是用来查看数据的，这些数据以后要转移到其他工具里进行存档、分析和查看。

第 18 节　你每天经历多少种情绪

提问：在时间记录的事件描述关键词中，要写当时的情绪状态吗？

回答：在时间记录中，只客观地描述发生的事情，但每天会有各种情绪，有些是一闪而过的。建议尽量不用与情绪相关的关键词，而是描述事实本身，但可以记录一个情绪状态值。

对于刚开始做时间记录的大部分人来说，客观地识别自己的情绪状态是一件比较难的事情，所以在做时间记录时，只要将自己的情绪状态值简单地记为 1 分、5 分、10 分，即分别代表"较差""一般""很好"，就可以了。

之所以有难度，一方面是如果产生了不同的情绪，不一定能正确地感知到；另一方面是哪怕感知到了自己的情绪，也不知道如何用准确的关键词描述出来。

如果能知道自己当下的情绪状态且能准确识别，并将情绪描述出来，说明你对自身情绪已经有所察觉，可以做到适当地调整情绪。如果对情绪状态能做到比较客观地描述，那么可以在关键词中加以描述。记录清楚之后，后续可以进行观察、分析，进一步了解自己的情绪状态。

第 19 节　其他操作技巧

养成记录的习惯

一件事情结束后，就记录一下。

在刚开始培养习惯的阶段，可能会时常忘记凡事要及时记录，不过可以后续补充和修改，但不建议修改过于频繁。

在一个时间段内，如果事情的性质没有发生变化，暂时不用去理会时间记录这件事。比如，一个上午有两三个小时的工作时间，虽然在工作时间内做了很多事情，但这段时间都属于工作时间，不需要把事情区分开。

相比于语音写作，时间记录要求的是持续不断的耐心，需要一颗对生活敏感的心，它像是一个用于观察自己生活的第三维度。

对于大部分人来说，可能会经常打开手机，建议将时间记录 APP 设置在手机屏幕的首页。

时间记录系统要和任务系统分开

对于要做的事情，我一般会使用"滴答清单"APP，如果发音准确，可以直接对着"滴答清单"APP 说："某月某日某时，我要做什么。"例如，"6 月 2 日上午 10 点，北京首都国际机场"。

而时间记录是在专门的 APP 中进行的，二者要分开，因为任务系统是准备要做的事情，而时间记录只是单纯客观地记录。

一段时间内任务切换比较频繁，如何记录

提问：比如刚开始看书，有人找我去做别的事情，如何记录？

回答：客观地记录，如果看书所占的时间比重很少，可以记录具体发生的事情，但是要避免在做事情 A 的时候，又突然中断变成做事情 B。记住只客观记录发生的事情。

提问：在交通出行方面，比如坐飞机时睡觉，应如何记录？

回答：途中无论做什么，都算作 11.交通时间。交通时间段内，具体做了什么，可以在事件描述里写清楚。

提问："学习成长"这一项里只有 04.学习成长：阅读时间和 04.学习成长：写作时间，对于上课这件事，要另外加一项时间标签吗？

回答：与上课相关的活动，不需要增加新的时间标签，

可以算作 04.学习成长,在事件描述中写清楚关键词即可。

提问：有时做了一件事，暂时想不到合适的关键词，是否可以先记录时间节点，后期再补充？

回答：可以在事情结束之后再记录刚刚做的事情，但前提是要把事件描述记录清楚，利用事件描述可以很容易确定时间标签。

参加家长开放日，这段时间属于什么类型的时间标签

参加家长开放日算作 07.社会交际，即使你在主观上并没有交际的意愿，但从客观上看这项活动属于交际活动。这是因为，首先你出现在家长会（人在）；其次，场景中有其他人（其他人在），你和其他人都露面了，这就属于社会交际活动。

可以理解为，尽管某个人可能并不愿意参加某些活动，但他只要参加了，这项活动的时间标签就是 07.社会交际。

一些事情的描述方法

看小说，在事件描述中要记下小说的名字，方便计录看小说的时长及小说的吸引度。

吸引人的小说，有时可以持续看 3 小时而不中断，而一些晦涩难懂的小说，也许看 10 分钟就会中断；一些几百万字的小说，也许

很快就能看完，可能说明其信息密度不高；一些经典小说，可能需要一个字一个字看，虽然速度不快，但是那才是真正的经典。

散步，要记下在哪里散步，包括道路的名字、公园的名字。

外出工作，要记录到了哪里，以及在那里做了什么事情。

做饭，可以记下做的是什么菜，并描述所有认识的菜。

语音写作，可以记录写了多少字，可以通过数据知道单位时间内的训练效果。

第 20 节　如何更有效地记录

时间记录的颗粒度

很多读者有疑问，比如工作期间去洗手间，一般会花费 3～5 分钟，这个时间要单独记录吗？其实，如果时间太短则没必要单独列出，直接计入 05.工作事业即可。如果超过 15 分钟，这个时间就可以单独列出来了，因为 15 分钟大约占每天时间的 1%。

记录的颗粒度不用太细，每天 20 条左右就差不多了，如果太细，会增加时间记录的成本。

关于时间记录场景的切换，则需要随时记录，在刚开始做时间记录时需要适应一段时间。

时间记录的触发点：空间的切换

要善于利用空间和场景之间的切换来记录事件。

简单来说，只要你切换了空间，就打开手机点击一下 APP，再次切换空间的时候，你就再点击一下手机里的 APP，记录下当时切换的时间节点。

因为人对时间是不敏感的，但是对空间相对敏感，所以时间记录的触发点可以是空间的切换。

从家里出门，接下来的时间标签可能是 11.交通时间。

从床上离开，接下来的时间标签可能是 08.家庭生活：生活事务。

进入办公室，接下来的时间标签可能是 05.工作事业。

从办公室到餐厅，接下来的时间标签可能是 08.家庭生活：餐饮时间。

一年有 8760 小时，全年法定工作时间是 2000 小时左右；交通时间是 1000 小时左右；剩余的时间就是睡觉、家庭生活、社会交际、健康休闲，等等。

第 21 节　数据反映行为

时间记录的数据，反映了我们每天创造的价值，同时也反映出生活工作真实的样子。

如果觉得时间记录不够精彩，可以通过改变行为，比如看本书，让时间记录的数据更好看。大部分人都有一项能力，就是知道什么样的数据更好看，当看到一份精彩的数据表时，立刻会有一种成就感，所以要努力让自己的时间记录数据变得精彩。

时间记录中时间标签的核心功能是能反映你做过的主要事情，而同步做的其他事情，可以写到事件描述中。

要从人的一生的长度来看待这些时间标签，如果一个人一辈子都全身心地沉浸在工作中，其工作成就必然是看得见的。

如前所述，每年的法定工作时间大约是 2000 小时，不管为工作、事业做了多少事情，它们都是和工作、事业相关的。如果已经从工作维度上升到事业维度，很多人的工作时间就不止 2000 小时，可能会达到 3000 或 4000 小时。

事件描述和时间标签将真实地反映你的生活。对我来说，可以清晰地说出，在 2021 年我将拥有 8784 小时。每个人的时间都一样，没有谁多谁少，但正是因为有了事件描述，每个人又有着不同的精彩生活，所以在事件描述里一定不要留空白。

在不知道怎么记录的时候，可以将你正在做的事情和场景描述出来，事后再修改、调整。

02

第 2 章

时间记录进阶：
时间分析

在建立了时间记录体系后，开始进行时间分析。本章会引导你如何更好地进行时间分析，并对时间进行有效规划和调整。

第 22 节 分析时间记录

时间记录分析阶段的重点是：调出自己的时间记录数据，一项一项地看，认真地看每一项数据，在看的时候，思考以下问题：

（1）有哪些事情，是可以不做的。

（2）有哪些事情，是可以优化的。

（3）未来 50 年，哪些是真正要做的核心事情。

如果在记录中看到了一件长期做的事情，可用"时间统计"APP 的搜索功能，如图 2.22.1 所示，将其关键词筛选出来，分析所用时长和时间段的分布情况，如图 2.22.2 所示。

每日回顾

每天都要简单翻看当天的时间记录有没有做好，建议在早上起床、中午午休以及晚上睡前这三个时间节点进行检查。想知道前面几天的时间都去哪儿了，只要简单翻看记录就可以知道。

如果超过两天没记录，反馈的有效性就会下降很多。在用手机回顾时间记录时，可用"时间统计"APP 的查看功能，上下滑动屏幕，查看最近几天是否有漏记的情况，以及各类活动时间占总时间的比例。

通过时间记录数据，可以从整体上分析自己在各个时间标签上的时间分配是否平衡，即各类活动的时间占比是否符合预期，同时也可以知道，是否还有一些尚未充分利用的时间。

图 2.22.1

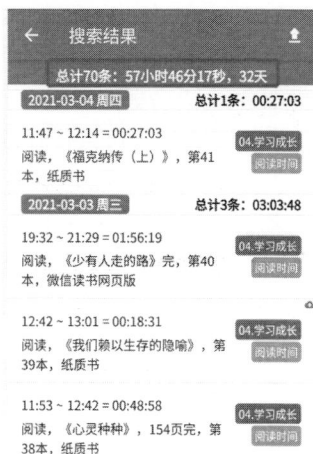

图 2.22.2

生活平衡

如果有些时间标签从来没用过，可能有以下两个原因：

（1）该时间标签未被正确记录。

（2）日常生活中未发生该时间标签所对应的事项。

日常生活中每个时间标签在一段时间里都应当出现过，这代表生活中充满了不同维度的活动。想要让生活保持平衡，每个维度的活动都应当全面发展，比如 04.学习成长为零，这代表这段时间里没有学习，短期内对你没有影响，长期来说则需要主动调整，否则会让个人成长停滞。

时间失控

一位伙伴反馈：

"我看了一下自己的时间记录数据,昨天有 2 小时不知道干了什么。"

这种情况是典型的"时间失控"，时间失控是指，一天中大脑没有得到休息，但实际上自己却不知道在忙什么。解决方法是：主动让大脑休息。如果能主动安排休息时间，就能一直保持"在线"状态，从而让效率更高。

长周期规划

对时间记录的分析，次数越频繁，对时间的感知就越强烈。用一个较长的时间去规划自己生活的好处是：我们将不会局限于现有的资源。

比如时间，5 年时间，我们有 43 800 小时。从收入上说，可支配收入可能是现在年收入的 5～10 倍，甚至更多；从环境方面来说，你只要想一下，过去 5 年间自己身处环境的变化，就可以简单规划未来 5 年。

时间记录会带大家一起走过最开始的 3 年，之后它基本上会内化成你的一种本能。

长期践行时间记录，感悟会越来越多。

校准时间预算

"虽然我尽力了，但我还是高估了自己，没有完成这件事情。"

经常会有伙伴发出这样的感慨，这就需要通过一段时间的数据观察，评估自己实际能完成的任务量，将这一点用到工作计划中也会很实用。

第 23 节　阅读时间分析

如前所述，和图书有关的活动描述示例为：

> 时间日期：2021-05-20
>
> 时间区间：15:15:16～16:20:16
>
> 持续时间：01:05:00
>
> 事件描述：阅读，《××》（书名），第××页～第×
> ×页

记录看了多少页，是为了了解自己的阅读速度，而持续时间可以了解自己的阅读专注程度。

成年人注意力集中的时间一般是 25 分钟左右，但由于个体差异，我们在分析数据时，要关注自己专注的时长是多少，同时阅读的图书类型或题材不一样，阅读时长也会有很大差别。

分析阅读数据

每个月月初，要养成这样的习惯：总结上一个月在阅读方面一共用了多少个时间段。注意是时间段，比如阅读了 5 个时间段。

对上个月的阅读时间段做分析，首先，了解每个时间段花了多长时间，并计算出平均时长，而平均时长很有可能是我们注意力集中的时长。然后分析最短的几个时间段——是什么原因造成的，是自身原因中断了阅读，还是由于外界干扰中断了阅读。

规划阅读时间

在分析清楚之后，你就可以制订未来的阅读时间段计划了。比如知道自己的平均阅读时长是 25 分钟之后，可以将以后的阅读时长控制在 25 分钟左右，并尽量减少外界环境干扰和个人原因中断的频率。

对于大众类图书，可要求自己用 3 小时看完一本书，如果以番茄钟（25 分钟的专注时间+5 分钟的休息时间）的节奏看书，也就是用 6 个阅读时长为 25 分钟的时间段，可以看完一本书。

基于数据的预测

基于自己前 3 个月的阅读数据可以做以下预测：

（1）本月可能有多少个阅读时间段。

（2）在本月计划的阅读时间段内，可以看完几本书。

（3）在接下来的 3 个月内，可以看完几本书。

整合时间

数据要保持三个基本要素：客观、持续和及时。记录本身是最为基础的工作，而在分析数据阶段要做的事情很多——分析不足、改进不足、整合时间、做出规划。在"整合时间"部分，还要对过去做出的一些预测进行反馈、验证。举例如下：

> 例 1：计划用 6 个时间段看完一本书，每个时间段花费 25 分钟左右，那么，实际上这本书看完了没有？

> 例 2：计划用 6 小时看完一本书，这 6 小时分别跨越了多少天？对于一本书，如果看了 10 多天还没看完，你不是没有时间阅读，而是不够重视阅读。

作为成年人，我们最需要做的是对自己的时间负责，做重要的事情。

在时间安排上，成年人做一件事应当尽可能地考虑其长期效应。也就是说，一旦做了这件事，50 年之后还能享受其带来的成果。阅读中做阅读笔记，能带来长期效应；写作中用心和专注思考，能带来长期效应；投资中选长周期的定投，能带来长期效应。

时间记录和语音写作一样，是踏踏实实的实践。每天花费 10 分钟，积累起来，就能带来长期效应，而其中的成就感只有在做的时候才能有所体会。

第 24 节　学习时间分析

对于成年人的学习，如果能做到将时间长度和单位时间强度相结合，效率则是最高的。

时间长度是指，未来 5 年，比如每年的阅读时间和写作时间的平均值都不低于某个数值。语音写作社群的学员在 5 年的时间长度里至少能输出 1000 万字的练习量，而总时间投入在 1000 小时左右，或者更多。

单位时间强度是指，比如"1 小时输出 1 万字"和"1 小时输出 5000 字"是两种强度，"1 小时阅读 100 页"和"1 小时阅读 50 页"也是两种强度。

将时间拉长，单位时间强度不变，让自己保持在一个比较合理的学习节奏上。在成年人的学习中，"保持稳定"是一个比较难得的品质。

在工作之后，很多人很容易被各种事务分散注意力，可能今天还在做这件事，过一段时间就做另外一件事了。

在时间记录数据中的体现是，一段时间内出现不同的关键词，但每个关键词出现的频率较低；一些关键词是阶段性出现的，出现一段时间之后就不再出现，说明这段时间内你没有再做这件事。

当然，兴趣发生转移是再正常不过了。在刚步入社会的前几年，也应该多学习一些不一样的技能。不过有些技能的学习，如果能在短时间内有所突破，或许可以持续地影响后续的发展。

比如，我在 2012 年开始学习"双拼"这项技能，到现在都感觉很有用，当时投入的时间也就一周左右。"双拼"是把汉字的拼音拆成"声母+韵母"的形式，相当于任何一个字，只要敲击键盘两次，这个字对应的"音"就会呈现出来。

使用"双拼"的好处是，万一在键盘上打错了字，只要删除打错的音节就可以了，打字效率会提高很多，单从这一点来说，"双拼"为我带来了不少便利，提高了效率。自从学会"双拼"之后，我用键盘写作的时间长度和单位时间强度都比原来用"全拼"要高很多。

第 25 节　工作事业时间分析

凡是与工作相关的事情，或者在工作时间内所做的一些琐事，时间标签都记为 05.工作事业。做时间记录分析时，可在"时间统计" APP 中，通过"时间标签"一栏选择 05.工作事业，然后选定时间范围，可以统计在工作事业方面花费的总时间，如图 2.25.1 所示。

图 2.25.1

也可通过"事件描述"一栏查找某一项目，并选定时间范围，统计该项目所花费的时间，如图 2.25.2 所示。

图 2.25.2

第 26 节   社会交际时间分析

在时间标签体系中，07.社会交际和 09.健康休闲：休闲娱乐这两个类型的标签可以适当地进行转换。

适婚年龄的读者，可以把休闲娱乐活动转换为社交活动，这会对人生中的重要事情带来帮助。社交时间增加，找到合适伴侣的概率也相应会提高。

休闲娱乐活动可以是自己一个人的活动，比如发呆、单独看电影或电视剧、一个人散步，也可以是一群人的活动，比如玩"剧本杀"、组团看电影，等等。

需要区分的是，社交活动具有社交属性，之前不认识或者不太熟悉的人在一起做的事情属于社交活动，比如高质量聊天。而休闲娱乐活动的主体是"娱乐"，虽然也有可能发生在社交场合。如果很多人在一起，没有高质量的聊天，只是一起看电影，结束之后各自散去，这属于休闲娱乐活动。

社交活动的时间标签包含了互相了解的部分，至少包含一个自我介绍环节，高质量的社交活动可能是一对一的深入聊天——为了解决一些特定问题，为一件事找特定的解决方案，或者互相探讨一些合作的可能性。而休闲娱乐活动则偏向娱乐属性，你可能会认识一些新朋友，但活动属性决定了休闲娱乐活动不会包含自我介绍环节或高质量的聊天。

社交活动会产生娱乐效果，是指和"同频"的人在一起时，会感觉时间过得特别快，会让自己感到开心。

第 27 节 生活事务时间分析

不同类型的时间标签，可归属于不同的属性。在某些事情上花时间，属于投资，在另一些事情上花时间，属于消费。

我们区分时间属性的一个维度，就是看这部分时间到底可不可以再次利用起来。依次做如下判断：

如果可以利用，能不能高效率地利用？

这部分时间是不是属于损耗的时间？

如果是时间损耗，能不能减少或者直接不做？

如果不能不做，是不是可以花钱请人来做，即"外包"？

如果可以"外包"，"外包"的成本是多少？

如果这一段时间是可以增值的，增值的空间有多大？

不断地问自己这几个问题，以此来区分时间的投资属性和消费属性。

具备投资属性的时间有：阅读时间、写作时间、运动时间、陪伴家人的时间等，自然睡眠时间也具有投资属性，因为可以让身体保持健康。

什么是自然睡眠时间呢？晚上休息，直到第二天自然醒，醒来时的精神状态良好，在长期自然醒状态下所记录下来的睡眠时间就是自然睡眠时间，这是具有投资属性的时间。

具有消费属性的时间有：过量的社交时间、过量的休闲娱乐时间，以及可能导致身体不舒服、心情不够愉悦的一些活动所消耗的时间。

在时间分析环节，可以对着时间记录数据一条条地看：哪些时间具有投资属性，哪些时间具有消费属性。把这些具体的事件描述一条条地列出来，然后反问自己：未来在碰到这种情况时，我怎么把时间的消费属性转换成投资属性，而哪些时间可以节省下来，并转换成具有投资属性的时间。

可"外包"活动的类型

在本书介绍的时间标签类型中，有两类活动可以考虑"外包"：生活事务和交通出行。

生活事务是指，打扫卫生、买菜、洗衣服、洗碗、做饭，等等。打扫卫生可以请钟点工来做，菜可以通过送货上门的方式购买，洗衣服、洗碗、做饭等事务可以请保姆做。

交通出行，也和生活事务一样是可以"外包"的。

本书中所指的"外包"，就是请专业人士提供相关服务，这样整体上来说，都可以让时间增值。在思考哪些事务需要"外包"的同时，也可以反向思考，自己可以为他人提供哪些"外包"服务，比如为客户提供服务，客户花一部分费用购买你的专业知识，相当于是为客户提供"外包"服务。

是否需要将时间"外包"

是否需要将时间"外包"，其决策原则是：在"外包"时间里，你可以专注于做自己最擅长的事情，让时间持续增值。

在时间价值大于"外包"价值的情况下，尽量将时间"外包"，比如单位时间的价值高于请保姆的"外包"价值，并且在不改变生活习惯的情况下，可以尽量将生活事务"外包"。如果"外包"出去的时间没有用来增值，而是用于消费，那么时间的总体价值不会增加。

在分析时间记录数据时，可以着重分析生活事务和交通出行两种类型。当你能创造更多价值，并觉得时间不够用时，可以从这两个方面着手进行改进。

其他维度的活动也可以考虑"外包"。比如运动，如果单纯靠自律，是难以坚持完成高质量的运动的，因此，可以去健身房找教练，提升单位时间的运动质量。对于运动，不在于运动时间多长，而在于单位时间内是否起到一定效果。

如果在企业扩张阶段，觉得每天的时间都不够用，就要考虑找合伙人。找合适的合伙人，这是工作事业维度"外包"的一种形式，准确来说不是"外包"，而是一起创造更大的价值。

第 28 节　家庭电话分析

时间标签 08.家庭生活有三个类别，分别是：08.家庭生活：生活事务、08.家庭生活：餐饮时间和 08.家庭生活：陪伴家人。

其中归属于 08.家庭生活：生活事务的事情可以考虑"外包"，即使不"外包"，也要尽可能降低时间标签的使用频率，转而投入到更有价值、具有投资属性的事情上。

对于 08.家庭生活：餐饮时间，在做时间分析时可重点关注以下信息：是否每天按时吃饭，每次吃饭所花费的时长，在家里吃还是在外面吃，跟谁吃；如果记录了食物种类，还可以分析营养是否均衡，是否需要调整饮食结构。在这些细节中，可以找到一些饮食及生活规律，从而描绘出我们生活的真实轨迹。

在"时间统计"APP 中，可做如下两种检索，如图 2.28.1～2.28.4 所示。

与 08.家庭生活：陪伴家人有关的活动属于需要主动投入并有意识地保持平衡的时间，但很多人有时忙起来容易忽略这个维度，短时间内不会产生严重后果，但长期不投入，就会对生活带来负面影响，尤其是已经有家庭和孩子的人，陪伴家人的时间越多，陪伴的质量越高，家庭关系和亲子关系就会越和谐稳定，这也是学习成长和工作事业的基础。

图 2.28.1

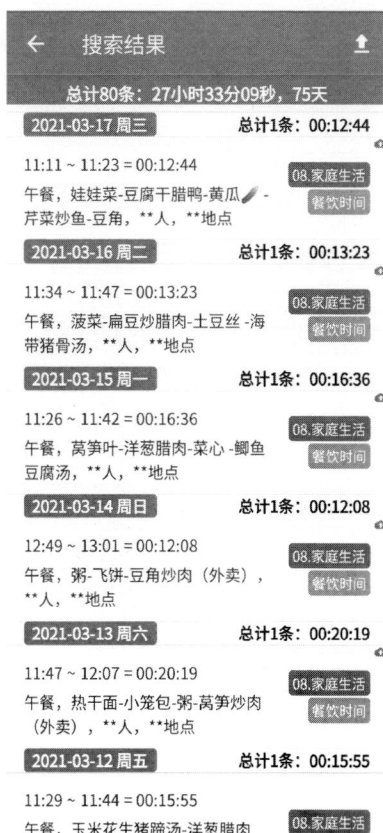

图 2.28.2

图 2.28.3

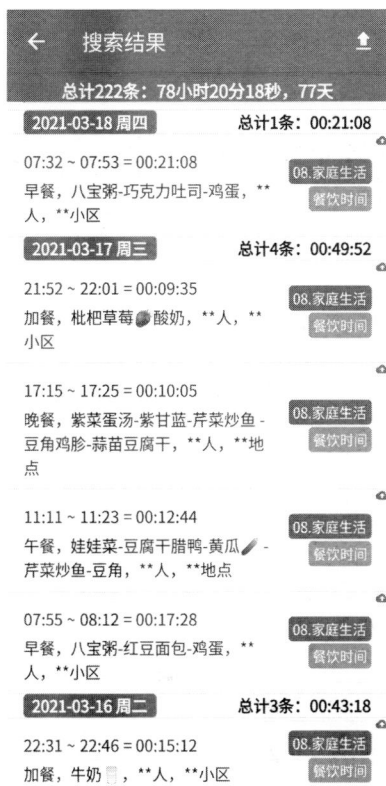

图 2.28.4

第 29 节 · 健康休闲时间分析

时间标签 09.健康休闲包括 09.健康休闲：运动时间和 09.健康休闲：休闲娱乐两类。

时间标签属于 09.健康休闲：运动时间的活动具有投资属性，投入在运动上的时间越长，我们的精力越充沛，做事越高效。在做时间分析时，看看自己每个月的运动次数、每次运动的时长和运动类型，如果发现运动时间不够，就要有意识地调整。

比如在"时间统计"APP 中，可做如下检索，如图 2.29.1、图 2.29.2所示。

与 09.健康休闲：休闲娱乐有关的活动分为主动休息和被动休息，如果能提前规划好休息的时间和方式，可以在很大程度上减少被动休息的次数。

根据我的经验，平均每天的休闲娱乐时间为 2 小时左右，是较为合适的时长，包括有计划地阅读一些文章、浏览新闻、看电影、听音乐，或者散步、冥想、放空，以及去户外玩等。

如果在一段时间内工作生活节奏绷得太紧，压力太大，就可能出现情绪或节奏失控的情况，比如熬夜刷剧、玩手机等。人生是一场马拉松，长期来看，科学、平衡且可持续的努力比间歇性努力更高效。稳定持续地去做该做的事，看起来是平淡的每一天，却会收获更多。

图 2.29.1

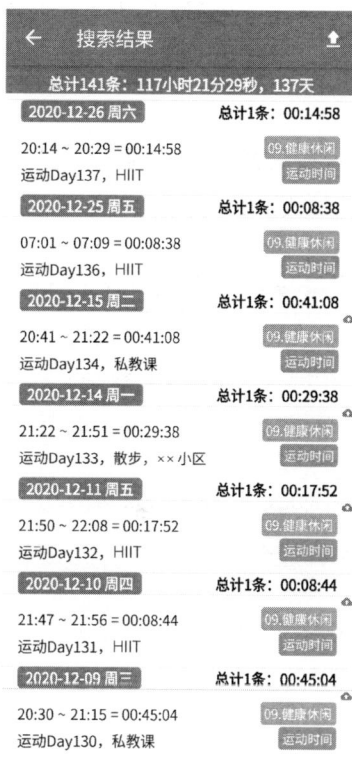

图 2.29.2

第 30 节　交通时间分析

固定交通时间的"额度"

以前，我在上班的时候，每个月留给自己的交通时间是 60 小时，如果提前用完了 60 小时，周末就不出去。

如果时间额度用完了怎么办？当然是反思和改进。实际上，在一开始我在交通出行上会花费 90 小时。如果只有一两个月的交通时间分别是 90 小时也没关系，再往后就要想办法减少交通出行的次数，通过这些方式来压缩交通时间。这就像花钱一样，额度用完了，你还会花钱买东西吗？遗憾的是，人们通常会随意挥霍时间。

交通出行"外包"

交通出行"外包"的主要形式有：

（1）请司机。专职司机提供开车服务，我们可在这段交通时间里处理重要事情。另外，还可以选择公共交通工具，比如地铁、公交、高铁、飞机等，这样自己可以在交通时间里读书、处理工作上的事情或者闭目养神。

（2）把交通时间"转移"给其他人。典型的例子是，因为医生的专业性，病人需要去医院看病，而医生节省了出行时间。

同样，如果你在某个专业领域有一定的造诣，也可以减少此类交通时间，其他人会愿意从很远的地方来找你并向你学习。

（3）住在城市的核心地段。一般核心地段的人比较多，交通比较发达。核心地段是聚集地，出行比较方便，你可以缩减不必要的交通时间。

第 31 节　睡眠时间分析

将一段时间的睡眠数据进行汇总，该数据就能反映我们每天的生活节奏。比如：

（1）有没有熬夜？

（2）平均睡眠时长如何？

（3）基于过去一个月在睡眠上的相关数据，如果你要制订一个早起计划，有没有可能失败？也就是看数据里有没有曾经早起的记录。

（4）睡眠质量如何？有没有失眠？有没有补回笼觉这样的情况发生？

睡眠对于我们保持生活中各方面的平衡度来说，是最重要的参考维度。只有睡眠充足，睡眠质量良好，才能保证精力充沛，才能维系好生活的其他方面。

入睡时间分析

如图 2.31.1 所示，在统计了我过去三年多的 1416 个睡眠时间段后，我发现自己在晚上 11 点睡觉的次数最多——有 654 个夜晚是在这个时间点睡的，占总睡眠次数的 46.19%；其次是晚上 10 点，有 454 个夜晚是在晚上 10 点睡的，占比 32.06%，这两个时间点占总睡眠次数的 78.25%。

描述	什么时候睡	睡了多少次	占比
睡神	0	142	10.03%
睡神	1	16	1.13%
睡神	2	10	0.71%
睡神	3	4	0.28%
睡神	4	5	0.35%
睡神	5	5	0.35%
睡神	6	5	0.35%
睡神	7	2	0.14%
睡神	8	1	0.07%
睡神	13	1	0.07%
睡神	17	1	0.07%
睡神	18	2	0.14%
睡神	19	3	0.21%
睡神	20	22	1.55%
睡神	21	89	6.29%
睡神	22	454	32.06%
睡神	23	654	46.19%

图 2.31.1

如果说凌晨 1 点至 5 点入睡算熬夜，那么我是如何做到基本不熬夜的呢？过去三年里，我熬夜的次数只有 40 次，占比 2.82%，说明总体上睡得比较早。如果在早上 6 点、7 点和 8 点有睡眠记录，那就是睡回笼觉了，而我睡回笼觉的次数比较少。

说说看，你每晚在什么时候睡觉？

起床时间分析

如图 2.31.2 所示，根据过去的记录，我一般是在早上六七点起床，共计 1044 次，占总起床次数的 73.73%。

描述	什么时候起床	起床次数	占比
起床	0	18	1.27%
起床	1	7	0.49%
起床	2	7	0.49%
起床	3	11	0.78%
起床	4	35	2.47%
起床	5	122	8.62%
起床	6	590	41.67%
起床	7	454	32.06%
起床	8	95	6.71%
起床	9	11	0.78%
起床	10	4	0.28%
起床	11	1	0.07%
起床	14	1	0.07%
起床	21	2	0.14%
起床	22	17	1.20%
起床	23	41	2.90%

图 2.31.2

根据数据统计，一共有 41 次睡眠失败的情况发生，即躺在床上一直到晚上 11 点都没睡着，并且还离开床一次，这样的情况占 2.9%，但这种情况并不多，大部分时候是很快就睡着了；有 122 次是早晨 5 点起床的，占比 8.62%，而大部分时候都是六七点起床；过去三年间在凌晨 1 点到 3 点之间，起来过 25 次，次数不多，占比 1.76%，说明总体上我的睡眠质量不错。

睡回笼觉分析

你有没有发现，一段时间内总有那么几天，你在醒来之后又很快睡过去了，被窝总是很有吸引力。如图 2.31.3 所示，在过去三年间，我的起床失败（即睡回笼觉）次数是 159 次，早晨 6 点起床又去睡回笼觉的次数最多，占总次数的 45.28%；我有 57 次在 7

点多又睡了一个回笼觉。注意，上午 10 点及以后的睡觉就不是睡回笼觉了，那就是睡午觉了。

描述	起来继续睡	多只懒虫虫	占比
睡回笼觉	5	13	8.18%
睡回笼觉	6	72	45.28%
睡回笼觉	7	57	35.85%
睡回笼觉	8	15	9.43%
睡回笼觉	9	1	0.63%
睡回笼觉	10	1	0.63%
		159	1

图 2.31.3

来说说，最近这段时间里你有没有睡过回笼觉？

提高入睡效率

> 今天依旧没有睡够，原来我的时间记录都是一种假象，在我真正带上手环监测自己睡眠情况的时候，发觉自己在床上翻滚 2 小时才能睡着，在时间记录数据中，我睡了 8 小时，实际上只睡了 6 小时。
>
> ——时间记录社群学员

有一些智能手环，比如华为手环 B5，可以记录入睡时间。在时间记录体系里，躺在床上就计入睡眠时间，不管有没有睡着，因为这段时间用在了睡眠上。

第 32 节　如何提升效率

本节分享我做时间记录之后采取的一些提升效率的措施。

（1）我给太太买了 100 根发绳。她以前经常找不到发绳，于是我给她买了 100 根。每次找发绳的时间看似不长，但积少成多，耗费的时间也是很惊人的，相似地，还有找袜子、找充电线，等等。而如果 100 根发绳都丢了，她随便在家里翻一翻，一般都会找得到。另外，100 根发绳是以批发价购买的，价格非常划算。

（2）每次买袜子的数量都是 15 双左右，款式尽量一样。袜子款式一模一样，以后就不用费力去配对，也可以节省不少时间。

（3）我买了十多根手机数据线，无论在家里哪个房间，都可以随时为手机充电。充电线要有 1.5 米、3 米等不同长度，方便从床头"充"到床尾。

（4）我买了很多电源插座，现在在家里只要一伸手就可以给手机、电脑等充电。

（5）我还试着买过 100 支电容笔，这样方便冬天玩手机。而 100 支电容笔，自己是用不完的，还可以送朋友，大家收到后都很惊喜；另外，戴上不影响玩手机的手套，在南方没暖气的冬天，也算是效率神器。

出行时间管理技巧

如果经常坐飞机或者坐高铁，可以盘点一下年度出差次数。统计在每次出差时等待安检的排队时间。用年度总收入除以年度工作总时长，得到时薪；再用年度等待安检的总时长乘以时薪，得到年度等待安检的时间成本。

如果年度等待安检时间成本大于 2500 元，可以下载一个"空铁管家"APP。在 APP 中开通超级空客服务，之后在机场和高铁站可以走安检快速通道或者贵宾通道，这样能节省不少时间和精力，在出差的路上可以更好掌控时间，同时保持精力充沛，可以随时投入到学习工作中。

生活中的最小行动

生活中的最小行动可以显著提高工作效率，比如每天早上起床后就马上把袜子穿好；随时做好脚部保暖，在进入工作状态后，专注时间可以更长。很多自由职业者长时间埋头工作，如果冬天在家不穿袜子，工作很可能会因脚冷而被中断。做好脚部保暖，就是一个生活中的最小行动。

2015 年，我还在上班的时候，发现了一条去往公司的小路，我立即计算了一下，如果走这条小路，那么一年节约下来的时间可以让我多输出 30 万字。于是，我马上改变了上班路线。这也是生活中的最小行动。

不要用大脑记录待办事项

如果大脑中总是记着在确定的时间去做一些事，这可能就是我们没有最好地利用大脑。在更多的时候，大脑应该用来思考，不应该用来记忆。

我的建议是，把计划写到清单工具中，而不要记在大脑中。因为大脑费力记住很多待办事项后，这些事项就占据了大脑中更为宝贵的思考空间。

第 33 节　时间预测

在时间记录体系中，已经默认加入了"预测"的部分。预测是指，如果按照历史数据，不做任何主动性改变，你可以看到一年后的整体时间结构（即各类型时间标签在总时间中的占比）。好在人的行为是有主动性的，可以随时做出改变。如果对预测的结果不满意，通过调整现在的活动，就可以规划未来的时间。

基于数据预测起床时间

通过长期的时间记录，可以知道自己起床的时间规律，甚至会发现在不同季节和月份，起床时间都有可能不一样，比如，夏天五六点钟起来会感到很舒服，而冬天起床时间会晚一些。做时间记录分析时，将当月起床时间相加得到的总和，除以当月天数，得出当月平均起床时间。可观察不同月份、不同季度平均起床时间是否有差异，由此得到一个合适的起床时间。但所有的分析和预测都要建立在过去数据是准确的这一基础之上。

预测"春节假期"

春节假期是个非常特殊的时间段，你可以预测这段时间将会如何度过，之后再与实际情况对比一下，对比结果会很有意思。

时间记录在春节期间可能会"失控"，这也是正常情况。人的行为是随机的，在春节期间个人行为的随机性很强。不过越是关注自己的时间，越能减少"失控"情况的发生。

预测未来

在每个月的开始，要特别注意自己的时间记录数据。首先，要对上一个月进行总结分析，然后，预估这个月在各项事务上花费的时间。我们有很多资源可以使用，但唯独时间是有限的。

在推进一个较长周期的计划时，要十分精确地计算出到底一个月能投入多少时间。

从长期实践来看，自己真正能把控的时间占计划时间的 50%左右。比如，计划学习"数据分析"，预期需要花费 60 小时，但实际上需要在计划中预留出 120 小时，因为在剩下的 50%的时间里，可能会发生一些意料之外的事情。对于意料之外的事情，要学会提前预估，并且计算出概率，这一概率会随着时间记录数据的积累而变得越来越准确。

第 34 节 时间规划

翻一翻上个月写下来的计划，看看是否达到预期，比如当时计划学习 60 小时，而最终的数据有没有达到 60 小时，如果低于 60 小时，具体低了多少。

调整时间配比

用既往的数据可以预测下一整年在各个维度上的时间配比。如果满意，按照原来的节奏推进；如果不满意，可以对时间配比进行调整，直到达到理想状态，这就是对时间的规划。

看视频时间太久如何调整

提问：最近特别爱刷视频，一闲下来就要刷视频，一刷就很久，怎么调整？

回答：如果刷的是能带来帮助的视频就不要调整。反之，最好的替代方式是做另外一件更有意义的事，比如我最近在"网易云课堂"APP 上学习如何理财，同样也是看视频，但学到了知识。

如果系统地阅读某个领域的教材，或者系统地看某个领域专门以教学为导向的视频，其实会很有帮助。我比较喜欢在"网易云课堂"APP 里找视频，深入研究之后再去找垂直领域的网站。不过在入门阶段，"网易云课堂"APP 里的课程就够我们学了，这是我以前学习编程的路径。

年底的总结和展望

每年的最后两个月适合总结当年、展望下一年。大家在做下一年年度计划的时候，要给每一个目标匹配具体的用时，在这一年结束时再根据实际情况进行对比，最后的实际用时可以比计划多，也可以比计划少，但要将计划的数值作为一个"锚点"。因为目标是唯一且可以衡量的，而且要有明确的截止时间。

从长远角度分析数据

如图 2.34.1 所示，这是一位时间记录社群学员的时间记录数据表，如果从一个人的长远发展来看，他的社会交际占比会过低，也就是"弱关系"方面存在短板；然而，他在学习成长方面的时间占比较高，而社会交际占比低在三五年内都不会对他有太大影响。

时间长度／日期	04.学习成长	05.工作事业	07.社会交际	08.家庭生活	09.健康休闲	11.交通时间	12.睡眠时间
2018年	9.03%	31.75%	1.36%	18.89%	3.73%	4.58%	30.67%
5月	12.50%	36.57%	0.00%	12.27%	3.57%	5.10%	30.00%
6月	11.01%	34.11%	0.78%	17.48%	2.66%	5.07%	28.90%
7月	8.30%	29.93%	0.31%	26.74%	1.97%	4.73%	28.02%
8月	9.70%	33.14%	2.08%	13.57%	5.39%	4.32%	31.80%
9月	7.36%	32.87%	2.83%	19.61%	2.76%	5.13%	29.45%
10月	8.62%	27.69%	2.14%	24.84%	1.11%	3.62%	32.00%
11月	4.58%	31.78%	1.75%	16.80%	6.81%	5.45%	32.83%
12月	12.20%	31.09%	0.22%	14.89%	5.84%	3.56%	32.18%
2019年	13.33%	23.69%	0.94%	18.79%	7.63%	3.30%	32.34%
1月	12.45%	29.79%	1.69%	13.93%	6.21%	4.08%	31.86%
2月	14.29%	17.04%	0.11%	24.08%	9.18%	2.44%	32.86%
总计	9.90%	30.12%	1.27%	18.87%	4.52%	4.32%	31.01%

图 2.34.1

"对时间记录的分析有点感觉了，太真实了，如实地反映了自己的生活状态，可在更长时间周期内做调整和规划未来。目前一到两年内想一直保持这种状态，不过要是在 10 年前自己有这种状态就太赞了。"

——时间记录社群学员

培养时间规划的能力

可以从 5 分钟之后开始练习自己的时间规划能力，比如 5 分钟之后下班、10 分钟之后开会、30 分钟之后读《卓有成效的管理者》一书并读到第 60 页。

要学会提前安排计划，做得多了就能做到心里有数。如果 5 分钟之后没做，或者说当前要做的事情没做完，那么就推迟计划或者将事情放在一边，不去管它。需要注意，"5 分钟"是一个概念，不是具体的某个时间点，也可以推迟到明天或后天，以"天"为单位来做计划。

规划的能力也需要刻意练习，为要做的事情安排好时间，以便正确地衡量自己的能力。在刚开始时，你可能安排得不够合理，甚至会碰壁，但没有关系，只要坚持做，一定会做得越来越好。重点是，在此过程中练习了自己的规划能力。

接下来在两个月、三个月里，如果你的安排不够合理，但每一天每一次的安排都会给未来提供一定的思路，并且有一个反馈，那么你将做得越来越好。所以并不是在一开始就要求自己做得很好，但如果你不做规划、不去碰壁，就不会有这样的能力。

第 35 节　数据反映行为，行为改变数据

不是想写 300 万字就一定能完成的，而是需要有节奏地写。第一个 300 万字，不是随便蹦出来的目标，而是根据 2015 年和 2016 年的相关数据来定的。

这是我在 2017 年 1 月 12 日做年初计划的时候写下的目标，在年初的时候我似乎还没有百分之百的信心完成"一年写 300 万字"的目标，后来在 6 个月内就完成了。目标数据会在实践中被改写，其原理就是：

数据反映行为，行为改变数据。

分析偏好

很多生活习惯都会在时间记录数据中体现出来，要分析自己生活的节奏，发现其规律。如图 2.35.1 所示，过去三年多里，我一共进行了 2371 个时间段的写作，最喜欢在早上 7 点和中午 12 点写作，此外就是晚上 8 点。

描述	写作开始时间	写作次数	写作占比
开始写吧	0	1	0.04%
开始写吧	4	8	0.34%
开始写吧	5	26	1.10%
开始写吧	6	127	5.36%
开始写吧	7	293	12.36%
开始写吧	8	249	10.50%
开始写吧	9	142	5.99%
开始写吧	10	96	4.05%
开始写吧	11	71	2.99%
开始写吧	12	297	12.53%
开始写吧	13	95	4.01%
开始写吧	14	68	2.87%
开始写吧	15	84	3.54%
开始写吧	16	80	3.37%
开始写吧	17	56	2.36%
开始写吧	18	67	2.83%
开始写吧	19	170	7.17%
开始写吧	20	158	6.66%
开始写吧	21	154	6.50%
开始写吧	22	97	4.09%
开始写吧	23	32	1.35%

图 2.35.1

坚持记录

如果不坚持记录，没有时间记录数据的那个月，数据就会缺失。为了更好地对自己的时间进行分析，坚持记录很重要。如图 2.35.2 所示（这里只用于展示，不做具体分析），图表虽然简单，却要花好几年的时间去记录自己的日常生活。

各维度时间记录

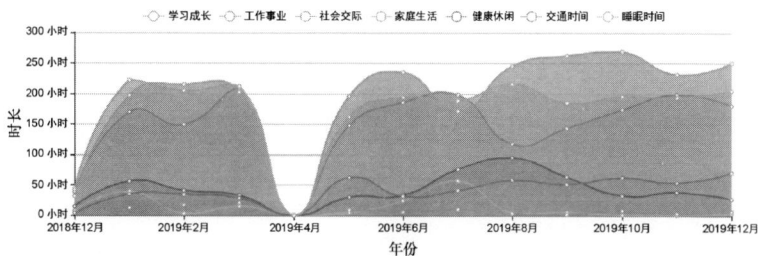

图 2.35.2

个人历史

时间记录数据将会是个人历史记录的一部分，也就是说，时间记录本身就是你生活的一部分。大脑会忘记很多细节，有了时间记录之后，很多细节可以还原，比如想起曾经去过的地方、见过的人。

想要让时间记录更精彩，就去创造更加精彩的人生。

第 36 节　单位时间的密集度和时间长度

提问：这段时间在语音写作的时候，效率呈下降趋势。在刚开始，20 分钟内能写 5500 字，后来 8 分钟内写了 2400 字，之后 8 分钟内写了 2000 字，现在 6 分钟内写了 1700 字，这是怎么回事呢？

回答：这个问题需要从两个角度来分析。

一是单位时间的密集度，也就是一分钟内能完成的字数。从数据来看，密集度变得越来越低，因为保持高效的创作状态需要集中注意力。

二是写作时间的长度。最开始能连续写 20 分钟，后来每隔几分钟就中断一次，这不是因为环境的中断，而是因为"内部"的中断。

对这个问题的解决方法如下：

（1）对于环境的中断，我们需要改变环境，也就是进入一个不受干扰的环境中。

（2）对于"内部"的中断，我们需要训练自己集中注意力的能力，例如，保持充沛的精力、良好的睡眠，以及经常锻炼身体，等等。

第 37 节　让模糊的时间概念更精确

在做时间记录时，要有非常明确的时间点。当我们说 1 年、3 年、5 年、10 年、50 年时，分别指的是当年的年份加上相应的数字。比如以 2021 年作为当年年份，以上年份分别对应 2022 年、2024 年、2026 年、2031 年、2071 年。

当我们制定目标时，确定的年份对时间安排会很有帮助。当你打算在 5 年后做一件事时，是指当下时间的"5 年后"，而非过了一段时间之后的"5 年后"。让模糊的时间概念更精确，有助于更准确地完成指定的目标。

有读者反馈："最近我发现自己对于吃喝玩乐这些事情的兴趣越来越淡了。"这里的"最近"，就是一个模糊的时间概念，是指最近几天、几周，还是最近几年？

关于时间记录，我们可以把这些词都换成具体的日期，比如说"最近"是指从 2020 年 3 月到 2020 年 12 月，即这段时间内对吃喝玩乐这些事情的兴趣比较淡。

这不是"杠精"，而是想办法把数据记录得更准确一些，这样可以更接近客观事实。

如果我们觉得"最近"没有好好地工作和生活，不妨把"最近"的日期写下来，可能会发现这个"最近"不过就是两三天而已。从长期来说，"最近"只占比较低的时间比例，你的实际表现可能会比真实感受好得多。这样做的好处是，接下来就可以抖擞精神，继续好好工作和生活。

第 38 节　新的一年从什么时候开始记录

一般来说，把每年的 1 月 1 日作为当年记录的开始是最佳的。也有很多人习惯把春节当作一年的开始，但是春节一般都是在 2 月份左右，很容易让人感到一年已经过去一两个月了。

我的习惯是将上一年的 12 月 11 日 0 点作为下一年记录的开始，而如果一定要等到将元旦作为新一年记录的开始，似乎每年都不会做好充分的准备。

提前 20 天开始做下一年的规划，至少有足够的时间做新年计划。提前进入下一年，也会有一种急迫感，似乎是迫不及待地把上一年剩下的时间花掉，以便进入下一年。

如果在 12 月 11 日当天还没有完成当年的计划，该怎么办呢？没关系，当年还有 20 天的时间可以继续去完成，相当于有一次"容错"的机会。当然，最好是在 12 月 11 日之前为第二年需要做的事情做一些准备，这样在一年的"结束"不会急急忙忙，在第二年的"开始"也会更加从容。

对于很多人来说，第二年的计划不需要重新开始做，只需要翻出上一年尚未完成的计划，找出哪些事情在第二年需要继续执行，哪些事情随着时间推移已经变得不那么重要，并需要从计划表中删除，以及有哪些事情需要投入更多精力。

为什么在做第二年计划时，需要翻出上一年的计划呢？因为每年的总时间是相对固定的，上一年计划的完成度可以作为下一年的参考，每年可以完成多少事、哪些计划是一年时间完不成的，通过时间记录数据就可以反映出来。

另外，翻出上一年的计划，也是为了更好地提醒我们：对于尚未完成的计划是否需要继续完成，帮助我们制订更加合理的计划，做出合理的安排。

第 39 节　关于时间节点的滞后性

有时候在做完某件事情后却忘了将数据记录在 APP 里，这种时间上的误差如果没有超过 15 分钟，可以说对以后的分析不会有太大影响。如果每次都延迟同等时间，比如开始工作之后 3 分钟才在 APP 里记录，结束工作之后 3 分钟才拿起手机做记录，那么就相当于时间记录里的数据总是比实际发生的时间节点滞后 3 分钟，这等同于几乎没有影响。

我们在做时间记录的过程中，尽管追求完美，但不会做到绝对完美。所以在做时间记录的时候，即便会有不完美的事情发生，但只要做到持续记录，适当的时间滞后性是允许的，直至养成习惯后再最大化地减少误差，这样做时间记录的持续度会高很多。

在记录过程中，万一忘记打"时间戳"，可以通过各种社交媒体或周边的电子设备来记录时间。比如打电话，可以看看通话时间；如果在用微信聊天，可以看看微信界面上显示的聊天时间；如果在社交媒体上发布文章，可以看文章的发布时间。

如果是用手机做时间记录，遇到手机没有电的情况怎么办呢？可以问问身边的人，先在心里记下来；如果身上刚好有小便签或纸条，也可以用笔写下来，之后再去 APP 里补上记录。

通常来说，一天中具体做了哪些事我们是有印象的，但对于每件事情在什么时间节点开始、什么时间节点结束，印象却不太深刻。所以在做时间记录的过程中，有一部分事情需要记下具体的时间节点，在事件描述中把关键词写清楚，后续可以进行详细分析。

第 40 节　只有改进，没有批评

有些读者在做时间记录之后，发现时间利用得并不好，数据也很不好看，会不自觉地进行自我批评。但这些数据都是客观事实，只不过通过时间记录让事实浮出水面。不管之前的时间利用得多么不好，当真相呈现出来后，接下来就要逐步改进。

先看看在没有进行任何改进的情况下，时间记录呈现出何种样子，每天做了哪些事情。在记录半年到一年之后，综合分析自己过去半年到一年的状态，看有哪些地方可以改进。

在改进过程中，不要期待一次就能调整到理想状态，而是每次改进一点点。比如阅读时间，时间记录数据呈现出一年的阅读时间是 180 小时左右，那么就不用要求自己一年的阅读时间马上达到 360 小时，可以每天先增加 15 分钟，再看看阅读状态如何。

短期的阅读不代表长期能带来不错的效果，在空闲的时候，阅读时间可以增加一点，在工作比较忙时，阅读时间可能会被压缩，但在年度规划中要让自己尽量完成相应的时间配比任务，在第二年或第三年再逐渐改进。通过逐渐改进自己的时间使用方式，从而成为时间的主人。

记住，在时间记录里没有批评，只有改进。不管事实怎样，客观地记录下来，再逐渐改进。

第 41 节　每日的时间检查

对于刚开始做时间记录的人来说，要每天检查自己的时间记录数据，检查是否有描述不清晰的地方，各个时间段之间是否出现"空白"，在空白时间里，到底做了些什么。

当然，建议每天的检查时间控制在 15 分钟以内。虽然要做时间记录，但时间成本还是要控制的，只有控制好时间成本，长期做时间记录才不会太辛苦，才能持续做好时间记录。

此外，做时间记录是为了更好地利用时间，控制时间记录成本，也是为了让我们把注意力放在如何真正地做有效的事情上。换句话说，不是为了做时间记录而做时间记录，而是要通过做时间记录，了解和知道自己的时间使用情况，通过每天 1% 的时间成本来更好地使用每天 99% 的时间。

时间记录既不能留住时间，也不能突然增加时间，只是将时间数据化，客观地呈现每个人的时间使用情况。我们依然要社交、阅读、写作、运动、娱乐、陪家人、睡好觉，等等。

如果你愿意每天都去总结，那么每一天都是一个新的开始，每天都可以做点有趣的事情。有趣不代表每天的生活不一样，平凡的生活中偶尔有点不一样，就能带来很多乐趣。

认真检查每天的时间使用情况，以秒为单位创造出新想法。几秒内创造出来的想法，即便在下一瞬间忘记，它也是有价值的。而任何好的想法，只有落地于实践才能展现其价值。

第 42 节　衡量是否高效

衡量自己做事情是否高效的一个技巧就是，晚上睡觉之前看自己累不累。越不累，说明当天的效率越高。在准备睡觉时，通过放松身体各部位的肌肉，可以快速睡着。

如果每天晚上睡觉前都不觉得累，第二天起床时的状态也不错，说明那段时间做事情比较高效，因此每天都可以持续地做有难度的事情。如果睡觉之前感觉比较累，想一想是不是事情做得太多，试着少做一些琐碎的事，集中注意力，只做重要的事情。

在时间记录体系中，"高效"在长时间段里出现得比较多，不会有很多场景的切换，比如在长时间段里的工作、在长时间段里的学习、在长时间段里处理生活琐事。在回顾时间记录时，对于每个阶段做了什么事情大致也是清晰的。

在高效地投入一些事情时，对其关键词的描述也会比较清晰，并且不同于日常生活中其他经常重复的关键词，而是能反映出当下所做的事情的特征。

在高效状态下，所做的事情会呈现出一个结果，这个结果是明确的、清晰的且可衡量的，做完之后整个人的思路会非常清晰，这个时间段结束后也会让人感觉比较轻松。

第 43 节　长周期的平衡

长周期的平衡，是指在学习成长、工作事业、社会交际、家庭生活、健康休闲、睡眠时间等多个维度上做到长时间、大范围的平衡，这一点很重要。

有些维度上的事情，短期内不去关注不会对日后带来太大的影响，而如果长期不关注、不去做，或多或少就会带来一些影响。

比如阅读，如果短时间内因太忙而没有读书，那么不会对你有太大影响；而如果长期没有形成阅读习惯，则一定会带来一些影响，此时你需要在时间记录数据中找出相应的阅读时间，在后续的时间规划中增加阅读时间。

再比如写作，写作时间太少就会带来诸多问题，长期不输出，对个人品牌打造和专业度提升会有很大程度的影响。

做到长周期的平衡，各个维度在以"年"为单位的时间内，差距不能太大。

一般来说，短周期内的习惯不会发生变化，所以在没有发生重大变化的情况下，当周可以预测未来两周的事情。

如果短周期内生活有重大变化，这就产生了数据上的随机性，可以在观察一段时间之后，再重新做时间规划。

换句话说，每进入人生的一个新阶段，都需要通过时间记录观察一段时间，从而得出相应的结论。

第 44 节　行动才是关键

提问：最近我好几次都情绪失控，对孩子大发脾气，都是因为孩子晚睡，经常会拖到 22:30 左右睡觉。这其实和我们家庭的生活习惯有关系，我们都睡得比较晚，在 22:00 的时候，我心里还会觉得时间很早，所以我敦促孩子要早睡的意识可能也不强。等我意识到已经很晚的时候，我又会着急上火，夸大晚睡的危害，怎么办呢？

回答：是用行动而不是用理论来影响孩子。

晚上 22:00，把窗帘拉上，灯全部关闭，制造黑暗的环境。没有灯光干扰，人就容易睡觉，大人、小孩都要做到在这个时间点睡觉。

如果你想影响身边的人，记得用行动去影响，而且自己要先做到。

计划的关键在于执行

如果想要做一个完美计划，你就会放弃做计划。不管计划制订得多么不完美，只要切实执行就一定会有收获。

举个简单的例子，每天输出 1 万字，哪怕内容不够好，但只要去做了，收获也会超出想象。相反，如果只是做了一个计划，但没有去执行，尽管有量化的目标，但最后的效果也是不尽如人意的。

未来几年，不在于你一定要做成什么事，或者一定要规划出自己做什么事，而在于落到实处，要有一个可衡量的目标，并且为这个目标努力。

在很多时候，目标设定出来之后并不意味着一定要达成，只是到了那个时间点，我们可以衡量到底有没有将其实现。目标本身是需要不断调整的，也许你现在把目标写下来，几年后不一定这么做，但不代表你现在不能写下来，也不代表你不可以朝着这个方向努力。

身处日常生活琐事当中，我们会经常忘记自己的目标，经常会忘记向哪个方向走，如果有一个长远的目标，我们就会走得更好、更坚定。

每当偏离了目标方向的时候，能够及时调整并回到原来的轨道上，这就是目标的指引作用和正确用法。

最好的时间是现在

过去回不去，未来还没来。想做一件事情，就立刻启用"最小行动"计划，也就是说现在就启动一个最小行动的迭代版本。

反馈到时间记录体系中就是，首先，下载手机软件"时间统计"APP，然后在"事件描述"一栏填写"阅读"；在"时间标签"一栏选择"04.学习成长:阅读时间",这就建立起了自己的最小时间记录体系。

在开始记录之后,就要确定自己的目标,在达成目标的过程中是否要持续记录到一个具体的年份,比如 2050 年?人对时间这种抽象概念不敏感,所以要尽可能通过空间的移动来记录做每件事的时间节点,持续地记录,直到目标达成。

第 3 章

时间记录升级:
时间规划

做好时间记录和时间分析后，本章引导你如何进行时间规划，长时间、长周期地做好自己的时间规划。

第 45 节　关于时间的属性

如果一段时间内我们什么事情都没做，那么这段时间内你不会创造太大的价值，随着时间推移，之后也不会有什么改变。如果这段时间内我们做了一些事情，那么时间给予的力量就会改变人生。

多做有价值、能产生复利的事情

在行动和决策中，有时候是正确的行动，有时候是错误的决策。正确的行动能让我们在时间轴上越走越好；错误的决策会让我们在时间轴上付出一些代价，但是时间本身可能会把我们拉回正确的轨道上。

有时候，生活中的一些决策是因为有空余时间，没有什么事情可做，为了打发时间而随机产生的，这是我在过去生活中的经验和感受。

为了减少这些随机做出的决策数量，我给自己定下了一些长时间可以做，但不管做得多或做得少都能够带来价值和能够帮助到自己的事，比如阅读、写作，以及记录自己的时间。时间记录是属于一种低成本却能带来高价值的数据体系。

阅读、写作及记录时间的难度不在于偶尔的努力，而在于长期的坚持，每天所投入的时间并不需要太长，但是要持续地投入，持续地阅读、写作和记录时间。

本书中提到"持续"的时候，一般是指 5 年、10 年、50 年等不同的跨度周期。5 年是一个尝试期，10 年是一个巩固期，50 年是用来判定一件事是不是值得做的长周期，如果值得做，就持续投入。如果长期价值的高低不能被明显判断出来，那么需要在刚开始做时就考虑清楚：这件事是不是值得做。

不管在哪个领域，持续去做，只要时间足够长，都会在一定程度上产生价值。每天花点时间做时间记录，就能看到水滴石穿的效果。

在持续记录的过程中，并不会感到自己在某些方面有明显的改变，但走过一段路程再回过头来看，会惊讶地发现：原来已经走了这么远。

有时候，你会发现过了 20 岁、30 岁、40 岁甚至 50 岁，很多事情并不是突然发生的，而是随着时间推移自然而然发生的。每个人年龄的增长，是一定会发生的。人会老去，但时间依然在继续。

多做有价值、能产生复利的事情。留住可以留住的时光，过值得记录的生活。

提前约定好聊天结束时间

在社交场合，如果想要保持好的时间记录数据，可以在和对方见面之前就约定好结束的具体时间。

一般来说，和一个人聊天的时间尽量控制在 1.5～2 小时，这个时长既可以让双方聊得比较深入，也不会拖泥带水。如果聊得非常投机，意犹未尽，还可以约下一个"2 小时"。而且聊天时间定为不超过 2 小时，如果遇到和对方沟通不畅的情况，也能很快结束聊天。

第 46 节　时间管理法则

时间管理法则建议如下：

（1）不要压缩睡眠时间。如果时间允许，尽量睡到自然醒，观察自己的睡眠状态和睡眠周期，睡眠是保持精力旺盛的基础。

（2）客观计算自己目前的单位时间价值，即当前 1 小时值多少钱，用年薪除以一年总工作时长即可得到。这样你能简化很多做决定的过程，而不需要每次都去重新评估。

（3）处理一件事所花的成本，即处理这件事所用时长乘以单位时间价值，不要超过事情本身的价值，除非这件事本身无价，比如保持身体健康、陪伴家人。

（4）预测未来，查看自己的时间日历和接下来的规划，不要太匆忙，不让自己在短时间内做大量的事情，节奏要有张有弛。

（5）感觉疲劳时立刻休息，让自己的注意力随时"在线"，能专注于手上正在做的事。

柳比歇夫守则

《奇特的一生》一书中介绍了时间统计法的开创者柳比歇夫令人惊

叹的一生。他从 26 岁开始写时间记录日志，一直到 1972 年去世，56 年，从未中断过一天。

柳比歇夫在生物学、数学、农业学、遗传学、哲学、昆虫学、动物学、进化论、无神论、历史、宗教、政治等领域取得了非常高的成就。他用自己一生的践行，证明了时间统计法对提高工作效率、实现人生目标的有效性。

除时间统计法之外，柳比歇夫还有几条守则：

（1）我不承担必须完成的任务。

（2）我不接受紧急的任务。

（3）一旦觉得累，马上停止工作去休息。

（4）每天睡得很多，10 小时左右。

（5）把累人的工作与轻松的工作结合在一起。

关于放松的秘诀

时间记录体系中，要有一个非常轻松的记录状态，这样才能做到无须特殊维护，也能持续记录。同样，如果要提高工作效率，也要处于非常轻松的状态，才能保持精力充沛。要让自己的身体放松到像太阳底下睡觉的猫。

关于放松的秘诀，可以记住一句话：感到疲劳时就休息。

第 47 节 保护阅读时间

基于多年积累的时间记录数据，我从中提炼出了三大理念：

（1）人的行为是随机的。

（2）自由才能创造。

（3）实践证明存在。

在随机方面，比如挑选 1000 本书，在感兴趣的时候就选一本翻开看看。1000 本够看很多年，一本书的均价以 50 元计算，一共是 5 万元的成本，但是获得的视野是不一样的，这是阅读的随机性。

阅读时间属于应该保护的时间

做了阅读计划，不要等到下一年年末才把阅读计划完成，最好的方法是提前几个月就完成。

举个例子，明年的阅读计划是读完 30～50 本书，如果能在 3～6 个月内完成，那么就不要在明年下半年才完成。短时间内的集中阅读，更容易培养阅读习惯，并且会让我们更好地吸收书中的营养。

短时间内的大量投入，可以减少前期准备时间，从而让我们直接进入阅读状态。如果想每天都阅读，就给自己创造一个阅读环境，回到家随时可以翻开上一次尚未读完的书，把已经读过的经典图书放在一个固定区域，想看的时候可以随时翻看。

对于一些经典图书，也需要专门留出时间，每年定期去阅读，比如《卓有成效的管理者》《奇特的一生》，它们是时间记录领域的经典图书。

建立自己的读书原则

在最开始培养阅读习惯时，可以让自己大量地翻书，培养阅读的感觉、享受阅读的乐趣，建议一年至少翻看 300 本书。

不一定看完全部的书，但是要翻看足够的量。想读的内容详细地读，不太想读的也要阅读目录加以了解，并且找出不想读的原因，是因为对相关领域不熟悉，还是因为理论知识太浅，又或是其他原因。

通过大量地描述自己想读和不想读的图书，逐渐建立起自己的读书原则。

阅读一本书，在时间记录里，会记录下这本书的书名。如果一本书特别有吸引力，在时间记录体系中，该书书名出现的频率会很高，出现的持续时间会比较长，并且在时间记录中出现的总时间也会非常长。

建立属于自己的读书原则很重要，很多人只去找自己想看的书，却没有主动列出自己不想看什么书，以及不看的理由。

阅读可能是最划算的行动

在人短暂的一生当中，阅读可能是最划算的行动。它是一种低成本的行动，只需要花一点点的钱和时间，就可以享受阅读带来的好处。

> 我发现读哲学书很有趣。确实，对一个把读书看作是一种需要和一种享受的人来说，哲学在各种可供阅读的重要科目中，是最丰富多彩和引人入胜的。
>
> 只有哲学永远不会让你失望。你永远不可能到达它的尽头。它就像人的灵魂一样多姿多彩。它真是了不起，因为它几乎涉及人类的全部知识。它谈论宇宙，谈论上帝和永生，谈论人类的理性功能和人生的终极目的，它启迪人的心智，同时也激发人的想象力。
>
> 由于受库诺·费希尔讲座的启发，我便开始读叔本华的著作，后来又几乎读了所有经典哲学家的重要著作。
>
> ——《毛姆读书心得》

保持时间记录的客观性

时间记录中"事件描述"的关键词要记录清楚，要清楚到什么程度呢？如果哪天失忆了，通过翻看关键词，你能知道自己是一个怎样的人，并且陌生人看到之后也能知道你是一个怎样的人。

关键词要多使用客观的名词，并尽量保持客观性。

第 48 节　关于睡眠

在时间记录体系中，睡眠时间所占比重较多，大部分人每天的睡眠时间在 7～8 小时，占全天时间的 30%～35%。

如果睡眠时间较短，我一般建议要及时补充睡眠，比如，因为工作而熬夜，或者某天下午喝了咖啡，导致当晚无法入睡，这种情况就需要在第二天或第三天及时补充睡眠，这样才能保持精力充沛，充足的睡眠可以让人更高效地工作。

高效的工作代表高质量地完成任务——知道自己在每个时间节点要做什么，知道当下所推进的工作重点是否有助于实现目标，能清晰地判定什么是正确的工作、什么是重要的工作、什么样的工作流程可以改进。基于以上分析，可以认真地处理好手头的每一件事情。

高质量的生活是生活在当下，并且把短期目标和长期目标相结合，短期目标对应的事件描述的关键词是指向长期目标的。比如，每天多睡一会儿，假设定为 2 小时，一个月也就多花费 60 小时，但却能让你有不一样的人生体验。浪费 60 小时不会怎样，而有足够的睡眠，却是一件幸福的事，对稳定情绪有极大帮助。

> 我昨天睡好了，今天要积极百倍地工作了。越来越体会到睡个好觉是一切的基础。情绪、精力、体重都和它有关。我开始放心大胆地睡觉之后，情绪也稳定了很多。
>
> ——时间记录社群学员

早睡早起

从 2013 年开始，关于每天睡觉这件事情，我的"事件描述"都是：

早睡早起，××地点

相应的时间标签是 12.睡眠时间。这样做的好处是给自己一个早睡早起的暗示，哪怕最后没有做到早睡早起，但是长久以来的暗示也能帮助养成早睡早起的习惯。其原因是我每天都会在 APP 里输入一次"早睡早起"，就会不自觉地想要做到早睡早起。

关于什么时间节点属于"早睡早起"，要根据过去的数据来做调整。

关于"早睡"，如果根据过去的数据，每天晚上是在 23:30 睡觉，那么想要做到早睡早起，可以适当地提前 30 分钟。一段时间后，回看 23:00 睡觉的成功率有多大，如果每天能做到在 23:00 睡觉，记录下第二天的精神状态，如果状态不错，可以继续保持。

如果还想做得更好，可以试着在 22:30 睡觉，观察一段时间，看自己第二天的精神状态是否有所改善，并记录下来，以此决定是否要继续调整。

"早起"也是一样的道理，在制订早起计划之前，先记录一段原先的作息时间，最好不要用闹钟，一觉睡到自然醒。在自然醒的状态下，观察自己的精神状态，再根据过去一段时间的数据，找到自己在早上几点钟起来的精神状态最佳，最好能精确到分钟。

如果想要调整，可以提前 15 分钟（占一天中大约 1%的时间）起床，同时观察自己的状态，以便确定和调整自己的最佳起床时间。

考虑到季节变化，可能需要至少两个或三个相同季节的时间记录数据，才能确定自己的最佳起床时间。只要长期记录，时间越久，越能了解自己的身体状况。

对于很多年轻的父母来说，这个方法可以用在宝宝身上，观察宝宝每天睡眠和起床的状态，从而了解和培养宝宝的生活习惯，养成规律。

人的习惯不是突然变化的，而是慢慢地发生变化。

数据不会百分之百的完美，但是日常生活中要养成良好的记录习惯，并尽量让自己做到准确记录。

关于睡眠的几条经验

（1）每天晚上要睡够 7.5 小时以上。7.5 小时不一定是完整的沉睡时间，还包括为睡眠做准备的时间，比如，虽然躺在床上没有完全沉睡，但是是在为睡眠做准备。有时，早上醒来后，会出现不想起床、赖床的情况，在正式拿起手机做时间记录之前，这段时间也归属于睡眠时间。

（2）在疲倦感来袭的时候马上睡觉。当晚上的第一阵疲倦感来袭时，就可以考虑放下手中的事情准备去睡觉了。有时候，当晚还有一些事情没做完，如果不是非常重要的事情，可以等到第二天早上醒来后继续做，这样效率更高。

在睡眠方面，遵循这两个原则，第二天的精神状态就会很好，尽管我们将更多时间花在睡觉上，但是换回了充沛的精力。同样的24 小时，精力充沛更能让人做事保持高效。

不要熬夜

为什么不要熬夜呢？

因为晚上这段时间里，人的意志力不是特别强。在晚上 10 点以后，如果有些事情没有立刻去做，就会有一种很难启动的感觉。从时间安排的角度来说，做事情的强度和质量都不高。

同时，一天 24 小时是固定时间，如果某一天熬夜了，看似当天的学习、工作时间增加了，但是睡眠就要占用第二天的时间，而且精神状态可能还不好。早睡早起的 8 小时能恢复的精力，远高于熬夜晚睡晚起的 8 小时。

每天衡量自己效率高不高的一个标准，不是看自己晚上睡觉之前多么疲劳，而是多么不疲劳。

第 49 节　关于休息

提问：总感觉，人生并不应当是一场苦行僧式的修行，而应当有美好的部分，留待我们去珍藏和体验。于是我想给自己留出一些休闲娱乐的时间，我发现现在腾不出时间，怎么办呢？

回答：长远来说，你会休息的，有主动的，有被动的。主动休息是经过规划的，比如一次旅游或看一部电影；被动休息是自然发生的，比如大脑自动进入发呆状态。有时工作一段时间后，想集中注意力也集中不了，这时候就需要适当休息。在时间记录中，不存在"浪费时间"的时间标签，只有"休闲娱乐"的时间标签。

如果电脑在单位时间内运行的进程太多，就容易"死机"，人过度使用大脑也会感到疲劳，容易"宕机"，我们需要重复休息的原则：

感到疲劳时就休息。

精力充沛，对时间的利用率才高，所以仅仅有时间是不够的，还要有充沛的精力。

在时间记录体系里，有一个标签是"健康休闲"。

事件描述中的"休息一下"，就属于 09.健康休闲：休闲娱乐，是指发呆，或者不知道刚才做了什么。

"休闲"是健康的一部分。给车辆做保养，看起来属于生活事务的一部分，但实际上，它属于健康的一部分。因为车辆保养好了，可以减少事故发生率。

大脑也需要适当休息和保养，这样可以减少做错误决策的概率。

第 50 节　关于健康

对于每个人来说，健康永远排在第一位。没有了健康，就没有了时间。

电影《时间规划局》里有一句台词：意外或暴力事件，会让一个人立马没了时间。

在《时间规划局》里，有一个假设条件：人的身体都是健康的，只要你有时间，就不会死亡，有 70 多岁的人，依然是 25 岁的身体。而这是电影里的假设，在真实世界里，保持健康和防止意外同样重要，因为如果失去了健康和生命，就直接"Game Over"（游戏结束）了。

在时间管理体系里，让自己不感冒，实际上也属于时间管理的一部分，尤其在一些关键时刻更需要好的身体作为健康基础。

尽管不能百分之百控制让自己不感冒，但是在一些重要的时间节点来临之前，可以通过提前锻炼身体、保暖等措施来保证自己不感冒，这也是降低风险的一种方式。

第 51 节　关于专注

持续、专注做一件事或坚持学习一项技能，在达到一定水准之后，哪怕后续的投入度没有刚开始时那么高，也能轻松驾驭这项技能。

比如时间记录体系，在刚开始构建该体系时需要持续关注，并需要留出专门时间认真研究：哪里做得好、哪里需要改进、哪里需要继续投入，即需要留出一个专门的时间段把这件事做好。

每天找一个固定的时间段，比如晚上睡觉前、早上起床后、午休之前或晚饭后，检查自己的时间记录数据：当天做的事情是否全部记录了下来。如果没有全部记录下来，则考虑通过哪些场景的切换让自己能持续记录，比如，在卧室门、厨房门、其他房门等地方贴上小标签，提示自己检查当天的时间记录数据。

在反复提醒自己做时间记录，并且在一段时间里专注地设计自己的时间记录体系之后，就可以习惯性地做时间记录了，这个习惯可以让我们保持多年。

如果不够专注，就没有办法把一件事情做成。尽管你在日常生活中积累了丰富的工作和生活经验，但如果没有一个可爆发的时间节点到来，就没有办法把整个体系全部搭建起来。

时间记录可以较好地反映我们的专注状态。如果认真生活，可以记录当下的数据；如果没有认真生活，可能刚刚做了什么都难以回忆起来，导致时间记录无法持续做下去。很有必要留出专门时间，专注地做一件事。

第 52 节　关于情绪的周期

在做时间记录的过程中，你会发现情绪状态有高峰期和低谷期，这些都是非常正常的情况。

我给自己的建议是：在状态好的时候，好好干活，多干一点；在状态不好的时候，适当休息，做一些一直想要去做的事，等待状态"回血"。

缩短"回血"的等待时间，就是提高整体效率。不在状态不好的时候做更多事，遵循身体的节奏。

需要注意的是，在做时间记录时，如果发现某个时间段里什么都不想做，那么就在"事件描述"中做个标记，这样也方便日后分析自己的情绪周期。标记的内容可以是情绪的指数，分别记录为 1 分、5 分、10 分，代表"状态不好""一般""较好"。不建议划分太细，三个等级代表三种状态就可以了。

目前我们所使用的"时间统计"APP，不建议使用"备注"功能，如果要使用"备注"功能，也不建议在"备注"中使用回车键换行。因为如果在"备注"中做了换行操作，会对后续分析带来影响。

第 53 节　注意力的练习

如果每天花 15 分钟练习注意力，将会对工作生活产生重大影响。

具体做法是：让自己的注意力集中在周边事物上，脑海中只闪现名词，比如杯子、牙刷、镜子，再适当地加上与颜色或形状有关的形容词，例如白色的杯子、圆形的杯子，等等。

在 15 分钟内，不做延伸，只观察周边物品的形状和颜色。如果是木地板或木板，可以观察它们的纹路，脑海中只呈现名词，即你所观察到的是什么物品。一旦注意力不集中，就立刻提示自己看下一个物品，快速将自己周边的物品全部默念一遍。如果手边有书，可以默念书名；如果走在马路上，可以念广告牌上的字，还可以观察行驶的汽车的车牌，只默念车牌的数字而不做任何联想。

每天用 1% 的时间，观察自己身边的物品，有助于集中注意力。这项练习对做时间记录非常有帮助，可以让你非常专注地聚焦于现在。

如果在做时间记录的过程中走神了，走神的时间属于"休闲娱乐"时间。这个 15 分钟的训练安排在感觉自己要走神的时候。试着记录这段时间，其时间标签可以算作 09.健康休闲：休闲娱乐。

当然，练习的最佳时间是在早上，早上醒来就观察自己身边的物品。如果早上有听音乐的习惯，可以慢半拍地重复音乐的节奏；如果想要练习专注地听人讲话的能力，可以慢半拍地复述对方讲述的内容。

第 54 节 持续的威力

时间记录重在持续，一件事情做了 5 年之后，就会发现进步的速度开始逐渐加快。

一年前我向一个朋友分享了做时间记录的心得，最近再去问他，他已经中断记录了。时间记录重在持续，按照柳比歇夫的理念，持续、客观、及时是最基本的要求。时间记录是一个不断和 Bug 斗争的过程。

"连续做一件事"是一种值得培养的能力，《奇特的一生》一书中有一句话让我感到非常震撼：

> 柳比歇夫从 1916 年开始记日记，一天也没有中断过，一直到 1972 年。一辈子连续做一件事，是一种罕见的能力。

找到一件事，然后持续地做，3 个月、5 个月、1 年、3 年、10 年、50 年……

构建一个体系要坚持 50 年不中断，它的成本一定要很低，低到几乎不可见。比如，做时间记录的成本很低，每天花费的时间是 10～15 分钟；语音写作的成本很低，只要有时间就可以拿出手机输入一段文字；走在路上，如果有灵感和想法，也可以拿出手机，用语音写作的方式把想法记录下来。

数据能反映我们在训练过程中努力的程度。

以语音写作为例，为什么我们经常会在意写作的字数呢？在新手训练阶段，单位时间内完成的字数是不稳定的。而字数反映了我们为此付出的努力，如果速度没提上去，就需要时间来凑。如果时间花费太多，成本太高，我们就会想办法来提升速度，于是开始进入良性循环。

伟大不是突然造就的，如果一个人做成了某件事情，大抵是因为他在生活中花费了足够多的时间，很努力地去完成这件事。

长时间做事，依靠的不是感觉，人的感觉是会变的，人会经常有不同的情绪。但是在很多专业领域，专业人士要尽量减少情绪波动的次数，随时保持情绪稳定。无论何种领域内的能力训练，训练本身就是在追求稳定，从训练中产生质变。

过去不代表未来，你在坚持做一件事情的时候，首先要想办法让自己的目标明确且清晰：我要坚持多久，在什么情况下会放弃，怎样算是坚持成功了。

举个例子，如果计划持续 3 年做时间记录，你的目标是在 2021年至 2023 年这 3 年里的 1000 多天都坚持记录吗？如果中断了怎么办？

做了计划之后，如果在 2021 年就中断了时间记录，甚至中断了好几个月，但是相比于接下来的 24 个月，2021 年只占其中的 1/3。假设过去的 12 个月，你没有坚持下去，难道就要放弃未来 24 个月吗？按照这样的说法，如果你在过去没有拿到 10 万月薪，是不是未来几年，就放弃一个月薪 10 万的工作机会呢？

尽管在做时间记录时，会有做得不好的地方，很多人会有这样的感觉：好像一年下来也没有把时间记录做好，后面就不用再费力继续了。但事实并不是这样，过去的行为只代表过去，并不代表未来。知道过去做得不好，未来可以争取做得更好。

断断续续记录 800 天，显然会比"完美地"持续记录 100 天要好得多。

我们可以充分利用这个法则：

> 做一件事，做出一种"很久""一辈子"的感觉。

例如，做时间记录要持续"一辈子"，如果有一天中断了，相对于一辈子来说，数字"1"显得微不足道。同样，相对于人生中已经过去的时间，未来更值得期待。

第 55 节　关于时间分配

关于时间如何分配，要思考如下几个问题：

（1）有哪些时间是用于创造价值的？

（2）有哪些时间是用于维持生活的？

（3）有哪些时间是用于投资增值的？

（4）有哪些时间是用于消费的？

你可以每半年回答一次上面的问题。

事情的重要性排序

在事情特别多的时候，要做好重要性排序——哪个先做，哪个后做。

与成长相关的一些事情，如果一年做不完，可以做两年、三年。成长中最怕的是间歇性努力，要持续努力，才能走得更远。

时间的规划

> 分析前两个月的时间记录数据，发现自己在健康方面投入的时间实在是太少了。从 3 月开始，每天要预留半小时的锻炼时间。
>
> ——时间记录社群学员

通过时间记录做更合理的时间规划，从之前的时间记录数据里发现哪个维度的时间投入度不够，之后及时补上，或者在较长周期内增加这部分的时间投入。

比较容易忽略的维度有：运动、陪伴家人、阅读、写作，等等。阅读和写作对于语音写作社群的成员来说，是经常被忽略的事项。大部分人在没有做时间记录时，感觉会投入很多时间在这些重要维度上，但事实和感觉之间有很大偏差。

> 现在越来越觉得，一定要把时间集中起来，花在值得关注的地方。
>
> ——时间记录社群学员

这里有两个关键词："集中起来"和"关注的地方"。这是在分析时间记录数据之后，需要做的有关时间整合的操作，把能够使用的自由时间整合起来，投入最值得关注的地方。

第 56 节　时间不够用怎么办

提问：感觉特别需要把 1 小时掰成 2 小时用，这种情况下怎么办？

回答：你需要的不是更多的时间，而是少做事情，把不重要不紧急的事情往后推或者不做。

如果时间不够用，首先盘点的是什么样的事情是可以不做的。在不得不做的事情中，有哪些是重要的事情？在这些重要的事情中，有哪些是长周期、在 50 年内还依然是重要的事情？要先做这些长周期内依然重要的事情。

抓住核心机会，让自己更具核心竞争力。通过时间的投入，成为细分领域的专业人士。顶尖的专业人士在细分领域是很稀缺的，如果你能够在一个细分领域持续耕耘，最后收获的价值与投入的时间相比，收获的价值会更高。

通过提高效率来"增加"时间，把原本需要 2 小时的事情用 1 小时做完。之前我的写作速度不快，每小时大概能输出 2000 字，后来通过不断研究键盘和打字方式，提高了自己的写作速度，最后换成语音写作，做到了 1 小时输出 1 万字。当然，写作速度快并不意味着质量能随之提高，你需要言之有物，依然需要大量的阅读，不断地体验和经历生活，提取生活经验，寻找和吸收新观点、新事物、新看法，并且需要一直保持好奇心。

不断地提高自己在单位时间内的效率，提高时间使用质量，坚持"做减法"。把原本要做的 10 件事缩减到只做两三件事，效率自然而然能提高。

第 57 节　一年只做 8760 小时的事

准确认识自己的时间

提问：不知道一年可以做多少事，该怎么办？

回答：一般情况下，一年是 8760 小时左右，如果你不知道，就请开始持续地记录，1 年、2 年、3 年、5 年……长此以往，就会慢慢地对自己有一个客观的认识。

随着时间的推移，在做了很多年记录之后，事情不是做得越来越多，而是规划得越来越精准，做事情越来越专注，你越来越能安排好生活中各个维度上的事情。

每年花多长时间阅读、多长时间写作、多长时间工作、多长时间陪伴家人、多长时间运动、多长时间睡眠等，如果没有长期的详细记录，你对自己的很多认识可能都是不准确的。

有时间记录社群的学员这么跟我说：

"2019 年，健康休闲时间是 851 小时，2020 年，健康休闲时间是 1156 小时，竟然多了 300 小时。我感觉自己的 2020 年明显更忙了，但休闲娱乐时间却更多。"

我们对于一两年前做了哪些事情、做成了哪些事情，或多或少还是有些印象的，但是对于每件事在时间上是如何分配的，以及在每件事情上花了多长时间，印象则不是很深刻，这时就需要通过时间记录数据来逐一分析。当然，前提是要记录得足够准确，才能为分析提供基础。

时间预算

每次学一项新技能，都要给自己设定一个时间预算。时间预算和金钱预算是一样的，尽量不要超过预算范围，而时间和金钱又是不一样的，收入也许会增加，但是时间不管在什么时候都是不变的。

也就是说，如果不小心超支了，我们还能通过开源来增加新的收入，填补超出的预算部分，而时间预算则是恒定的，它无法增加，我们只能继续投入时间来完成尚未完成的计划或事项。

在一年内，只做 8760 小时的事情，如果事情多了就做减法，尽量只做符合这个人生阶段的事。如果年轻，就多去积累，刚走向社会的前几年要不断地充实自己的专业知识。如果年长，就要思考生活和工作的平衡、健康和事业的平衡。对想要做的事情做出取舍之后，自然会得到一个满意的结果。满意的结果并非是未来才发生的，而是预计会发生的。

有人适合积累人脉，不断参加各种活动，认识很多的高人，通过学习高人的思维方式或与高人对谈，提高自己的专业能力。有人适合积累知识，通过静心阅读，研究各项细节，掌握软件工具或开发新的产品，通过视频或文本的学习让自己变得专业，成为某个领域的专家。

不管是哪种方式，只要找到自己喜欢的领域并且持续投入，随着时间的推移，你会变得越来越专业。

在 10 年内，把时间投入一个方向和分散在 10 个不同的方向，最后取得的结果是不同的。如果想成为领域专家，尽量"做减法"；如果还年轻，或者已经比较精通专业技能，可以适当地扩展自己的边界，偶尔做点不一样的事情，给生活带来新鲜感。

第 58 节　时间是有限的

时间是有限的。

在有限的时间里创造价值，资源的限制会被打破。所以在做决策的时候，应当优先考虑时间资源，然后考虑其他资源（如金钱），这是我过去多年做决策的一个思路。

最大化地利用时间价值，其他资源就会越来越多。

时间不会增加，从难易程度上说，财富的增长要相对容易得多。因为使一个人的寿命从 80 岁延长到 90 岁的难度，比财富增加 10 倍的难度要大得多。

假如月收入超过 2 万元，这时候时间就会比金钱更值钱，半小时的时间成本在 60 元以上。

当你一个月赚回远超上一年的收入时，就说明时间投资成功了。时间是有限的，脑力创造是无限的。要不断利用有限的时间换取可以无限开发的智慧资本，用有限创造无限。

第 59 节　安逸的环境是成长的敌人

对一些人来说，在一成不变的环境中，体力和智力都会变得无所适从。要经常在变化的环境中进行创造，以及学习新的东西。

不能让自己的头脑处于闲散的状态，要经常让头脑活动起来。为了促进思考，在闲暇时间，我会进行语音写作。

> 一个根本没有持续时间的立方体能够真正存在吗？任何一个实在的物体都必须向四个方向伸展：它必须有长度、宽度、高度和时间持续度。
>
> ——电影《时间机器》

> 一旦自己成了死者，"你"好不好，"他"好不好，皆与己无关。你们爱怎么着就怎么着吧，反正死者不会在意。活着的人，受行为习惯和保险计划的约束，当然还会在乎。你瞧，区别就在这里：正因为有人在乎，我的生意才能做下去。生者小心谨慎，时时关切；死者粗心大意，或是漠不关心。不管怎样，他们不在乎。事实就是如此：看来平淡无奇，却是千真万确。死者一无所求。只有生者营营不休。
>
> ——《殡葬人手记》

每时每刻都有人死去，并不偏重于一星期的某一天或一年的某一月，也没有哪个季节显得特别。星辰的运行，月亮的盈亏，各种宗教节日，皆不预其事。死亡地点更是草率随便。在雪佛莱车里、在养老院、在浴室、在州际公路上、在急诊室、在手术台上、在宝马轿车里，直立或躺着，人们随时撒手西归。

死，只要任何一种死因便足够。死者还能在乎什么？

——《殡葬人手记》

我们必须避免过高估计自己的能力，尤其在我们年少气盛的时候，这可是我们生活中的暗礁。

——《人生的智慧》

第 60 节　进步缓慢怎么办

提问：一个月的学习时长有 115 小时，怎么感觉自己还是进步很慢？是目标管理出问题了吗？还是学习方法出了问题？

回答：要回顾一下自己到底学了什么，时间记录可以查得到，人的记忆一般是不可靠的。

学习有没有进步，不一定立刻看得见。学习的成效不是立竿见影的，我们通过在小学阶段学习每个字，才获得了今天的听说读写能力。

提问：如果始终不知道适合自己的赚钱方式，怎么办？

回答：赚钱方式取决于个人具备何种优势，在赚到足够多的钱之前，不知道赚钱方向和感到迷茫，都是正常的。

正确的思考方式是：目前我可以做什么？只想可能性，不说不可能的，想清楚了都好办。

如果你能每天花 20% 的时间考虑怎么赚钱，你大概率就能赚到钱。20% 是什么概念呢？288 分钟，接近 5 小时。如果计划 5 年后要赚到钱，那么就要确定接下来 5 年投入时间的方向，选定一个领域深耕，以使 5 年后可以赚到钱。

当然，对于赚多少钱，这个数字有多有少，每个人的标准不一样，暂且按照稳定年收入 100 万元这个级别来定义，少了要努力，多了算福利。

提问：做时间记录半年了，没什么感觉怎么办？

回答：把纸质版的时间记录拿出来看一看，如果没有感觉，持续做下去，等待有感觉的那一刻。

"感觉"就像谈恋爱，有些人早，有些人晚。可以平常多看看自己的时间记录，比如，翻看前一天的，将自己带入前一天的生活中。

提问：不换工作，如何让收入增长？

回答：收入的增长在一定程度上就是资源置换。

比如付出时间、付出努力、付出认知。付出时间，工作时间长，健康可能会受到影响；付出努力，自由娱乐的时间会减少；付出认知，接受来自不同观念的赚钱方式，改变旧观念，做自己以前不会做的事情。

列出你愿意置换的资源，不局限于以上几种。

第 61 节 做正确的事和正确地做事

想要做成一些事情，有两点很重要：

（1）做正确的事。

（2）正确地做事。

在第一步的基础上，开始第二步。

在时间记录这件事情上，尽管我们都记录了时间，但是还需要分析一下，过去有多少时间用于"做正确的事"，也就是时间花得值不值；有多少时间用于"正确地做事"，也就是通过提高效率来改善工作流程和方法；有多少时间用于虽然"正确地做事"，但是没有"做正确的事"，以至于要重新做。

我一直向大家分享的理念是：积累很重要。

有时候，短期来看可能并不明显，但是只要长期"做正确的事"和"正确地做事"，就会和没有这样做的人拉开距离。

第 62 节　关于时间之箭

当一支箭刚刚射出时，力量是最大的，射出的时间越长，力量越小。

什么样的事情，在你刚开始做的时候，能产生很大的成效，可随着时间的推移，因为没有持续投入或者没有再次拉弓上箭，它的效果就越来越弱了呢？

做一件事情，就像发射一支箭，要在发出去之前做好准备，弓要拉满，而想要持续射中靶心，少不了练习，要持续把弓拉满。每一次射出去的箭，其结果都无法改变，我们必须不断地上新箭，这意味着要产生新的行为，做新的准备。

每一次拉弓射箭，不管结果如何，都是在为下一次射中靶心做准备，而这一行动所产生的结果，则是在箭射出之前就决定的。

在童话故事中，精灵王子想持续打败敌人，他需要不断地拉弓射箭。对于你来说，你的生活中需要经常拉弓射箭的是什么事情？

在做时间记录的过程中，时常提醒自己，有一些重要的事情是需要持续做的，而持续做的事情，它的关键词会在时间记录中重复出现。

第 63 节　感受快乐和享受快乐

感受快乐和享受快乐是两回事。当我们学会一项新技能时，在从"不会"到"会"的过程中，感受到的快乐是很强烈的，但是能不能"享受快乐"，则要通过对比才能体现出来。

在最开始做时间记录时，如果能够分析自己的时间使用情况，就会感受到做时间记录还是很快乐的，因为可以知道自己真实的时间使用情况。但是，在做了一段时间记录之后，能不能继续享受时间记录带来的快乐，则需要我们经常做时间分析。

做时间分析要注意两个方面：

（1）在所记录的内容中，是否有值得感恩的事情，比如，"第一次"做的事、感受到快乐的事。

（2）在你的时间记录数据中，对于一些经常做的事情，你在做的过程中是否感受到快乐、是否享受整个过程。

比如通过语音写作，第一次完成 1 小时内输出 1 万字，很多人都应该会比较开心，会感受到快乐。因为之前不知道自己可以做到，直到自己做到，因此在整个过程中享受到了快乐。

但这种快乐不会持续很久，等真正做到每天都能在 1 小时内输出

1 万字时，快乐似乎就消失了。但它并非不存在，只不过感受到的快乐程度下降了。我们需要提醒自己持续享受完成的过程，享受其带来的乐趣。

生活中要多一些感恩，在感恩的过程中知道自己是幸福的，要多盘点已经做到的事情。

第 64 节　语音写作和时间记录相结合

语音写作，就是把脑海中思考的主观内容记录下来，可以通过描述自己脑海中的想法，呈现自己目前的状态，以及当前所思考的内容。

时间记录，就是把自己的时间通过数据客观地记录下来。时间记录不仅是记录时间，而且是记录个人生活，可以作为生活传记的一部分。我在翻阅自己过去的时间记录数据时，如果对生活关键词满意，就会继续保持，继续享受生活带来的乐趣；如果对生活关键词不满意，就会通过改变行动获得更多的乐趣。

语音写作和时间记录是比较好的组合：

（1）时间记录的内容是客观存在的。客观地记录已经发生和正在发生的事情，记录的是过去和现在。

（2）语音写作输出的是主观的思考。能动性地记录当下正在想什么，可以是对过去的复盘，可以是对未来的计划，以及对还没有发生的事情的看法。

《永恒的终结》一书中有两个概念：时间的上移和下移。其中，上移和下移是指时间旅行的方向，"上"代表未来，"下"代表过去。

时间记录是下移，代表过去已经发生；语音写作可以指向未来，代表未来即将发生，或者用"已经发生"的状态描述未来，也就是说，对于几年后还没有发生的事情，可以用"已经完成"的视角看待当时的感受、状态，以及达成目标的感觉，即把时间"上移"到现在。

第 65 节 特殊事件的时间窗口期

大部分事情可以在人生的各个阶段完成，比如画画，如果没有想达到专业水平，而是作为休闲娱乐爱好，那么在人生的各个阶段都可以进行。

但是有些事情在人生中却存在窗口期，比如年轻人寻找伴侣就需要有一个相对合适的窗口期；再比如生宝宝，可能生一个，也可能生两个，这也是人生的特殊阶段。

对于人生大事，可以在时间轴上给自己做一个大致的规划，在合适的时候做合适的事情。如果时间轴上的规划比较符合客观规律，人生发展就会比较顺利。从时间分析的数据结果来看，生活的各个维度也较为平衡。

任何一项技能，如果打算以此为生，当然是越早掌握越好。提前思考和谋划你的专业技能，准确来说是需要提前选几个方向，不断地探索，那些三五年后还有兴趣继续做的事情，就是你未来可以深耕的领域。

从时间记录的角度来说，持续出现的关键词可能是你喜欢的方向。一般人对于不喜欢的方向不会持续做太久，因为无法在相关领域投入更多时间。在我所辅导的语音写作学员中，喜欢语音写作的人愿意每天投入三四个小时，而不喜欢这件事的人，则很难坚持。

如果一件事要做很长时间，那么在一开始就要培养出习惯，并且尽可能地降低启动成本。不管在什么环境、什么人生阶段，都要有一两件自己可以做的事情，培养出多种兴趣爱好，这样可以让人生更幸福。

第 66 节　提前准备必然会发生的事情

经常想一想，对于一定会发生的事情，我们到底能做些什么？所谓一定会发生的事情，是指现在就能够预测到的事。比如宝宝生下来的那一年，就知道 10 年后 10 岁，按照现行的入学年龄标准，也知道宝宝什么时候开始读高中、什么时候读大学、什么时候大学毕业，这些时间在其出生的那一年就已经确定。

在不同年份一定会发生哪些事情？对于一定会发生的事情，比如每年的端午节、中秋节、国庆节、春节等节假日的安排，再怎么早准备也不算早。比如语音写作中，可以做到每天输出 1 万字，那么要做到 100 天输出 100 万字，首先需要制订相应的计划，然后准备要投入的时间，最后考虑如果碰到困难应该怎么办，预判可能影响计划完成的障碍，尽可能在 100 天之后再做计划外的事项。

人终究会离开，你可以提前设置好终止时间，开始倒计时，计算出到目前为止人生还剩多少天。比如，可以给自己设置 100 岁，如果不满意，可以设置 200 岁，不管设置多少岁，终究有一个结束时间。想要做什么事情，可以在时间结束之前尽最大的努力做。

对于想做的事情，写下对应的关键词，如果是想旅行，把想要去

的具体地名写下来，之后努力让想要去的地方出现在时间记录关
键词中，活出自己想要的样子。

时间记录的"事件描述"是对已经发生的事件或正在发生的事件
的描述，这意味着要让关键词出现在时间记录中，你需要真的去
"做"！

第 67 节　保持必要的难度

在选择要做的事情时，保持必要的难度，包含两个方面：

（1）不要随便浪费时间，尽量设置自己的行动路线，提前做好准备。

（2）做一件从长期来说相对有难度的事，并保持必要的难度。

不要随便浪费时间

有时候，人并不总是那么忙。这时候，切记不要随便浪费时间。要做一些对未来来说重要的事，比如阅读或写作，这些事情短期来看不会给自己带来什么影响，但长期来说会改变自己的生活。

尽量不要做容易的事情，要做有适当难度的事情。一旦思考了，安排了计划，就要去执行。执行的时候不要有太多思考，要坚决克服困难。要么坚持不动，动起来就要坚持到底。

如果是做容易的事情，最好也要经过思考，有节奏、有步骤地去做。比如看电影，建议看豆瓣排名 TOP250 的电影，够看好几年了。

如果哪天状态不好，就去看一部电影，用看电影来打发状态不好的情绪周期。

做一件从长期来说相对有难度的事

比如，写作这件事情的最大难度是需要坚持不懈地写。对于很多人来说，偶尔写作没有问题，坚持 3 个月也没有问题，有难度的是坚持三五年，或者坚持以"年"为单位每天写 1 万字。

在我的语音写作教学设计中，要求学员每天写 1 万字，而且尽量在 1 小时内完成 1 万字输出，很多人坚持了两三年，而且随着时间的推移，还会坚持更长时间。

我们暂且不讨论每天是否必须坚持写 1 万字这件事，我的教学理念是，让大家做一件相对有难度的事情，每天花 45～60 分钟，占一天总时间的 3%～4%，做一件有难度的事情。

一天用 3%～4%的时间做一件事，最好能持续地做这件事。坚持的时间要足够长，能够每天去做，并且无论外界环境如何变化，无论春夏秋冬，无论在哪里，都尽量把这件事做完。

在做事情的过程中要时刻思考并及时记录，通过一天中的 45～60 分钟来培养自己的相关技能，这样随着时间的推移还能产生复利，能保持自己独立思考的能力，能锻炼自己的表达能力。

每天 1 万字语音写作的训练，刚好能满足以上要求。

我在设计语音写作"每天 1 小时 1 万字"教学体系的过程中，也花了大量的时间，目前实现了累计超过 10 万小时的学员训练时长，可以作为教学迭代的基础。

第 68 节　人的行为有很大的随机性

通过时间记录可以发现一个人的行为规律，那就是人的行为有很大的随机性。

如果长期做时间记录，就会发现所记录的关键词有一定的随机性——可能现在想做这件事，过一会儿又想做另一件事。

对于个体来说，会因为某些简单的契机而改变自己的行为。比如早睡早起，可能需要努力才能做到，而长时间早睡早起，则需要有外部激励。

在时间记录中，稳定的行为需要进行规划，也就是为每件事设立一个边界，比如每天 22:30 就去洗漱、准备睡觉等。

行为的随机性还体现在我们对事物的兴趣上。人们总会在一段时间内对某个事物特别感兴趣，该事物的关键词会频繁地出现在时间记录中，而过段时间后不再出现，说明兴趣发生了转移，有可能对新的事物产生了兴趣。

解决方案是，在每次接触新事物时，如果感兴趣，就转换成具体行为动作。比如对事物进行全面的了解，或者动手做出一个模型，并制订一个相对长远的规划；如果想对该事物了解得更加透彻，还需要规划将要花费的时间成本。

不管我们要做多少事情，一年都只有 8760 小时左右。如果在这段时间内无法完成全部事情，要么和团队进行配合，要么将计划适当延后，以确保事情能够完成。

如果不是很了解新事物，可以将 300 小时作为时间预算的参考值。在 300 小时后，如果还想继续投入时间，可以将其列入第二年的规划中。

还有一个方法可以降低随机性，那就是让自己保持足够的自由度。这样有新的事物、新的机会出现时，可以快速抓住，然后把当下可以利用的时间都投入进去，在短期内取得一定的成果。

有时候有人跟我说，他错过了某些机会。我会问，当机会来临时，你是处于完全自由的状态吗？如果不是自由的状态，好的机会就有可能错过，不是因为抓不住，而是因为受到了时间的限制。所以在时间安排上，要尽量考虑自己的自由度，时间越自由，自己越有可能抓住新机会。

从这个角度来说，对于有些事情，失败了也未必是坏事，因为会释放更多可以自由创造的时间。

如果你正对某件事感兴趣，在做的时候请试着全力以赴。人的行为是随机的，自由才能实现创造。

第 69 节　多把时间用于写作

如果把时间集中在某一个"点"上，专注力就可以得到较大突破。在 2015 年 10 月和 11 月，我专注在语音写作这件事上，所以那两个月一共写了 100 万字。

之后，我还想进入这个状态，但每天只有 1 小时左右的写作时间，这样每个月最多只能写 30 万字，如果再稍加努力，可以写 50 万字。后来，我决定减少"刷"朋友圈的时间，把更多的时间用在写作上，时间集中指向语音写作，我在那段时间里不断打破自己单日语音写作文字量。

专注很重要，通过时间记录，可以计算出自己每天消耗在微信上的时间，如图 3.69.1 所示，是我每天的微信使用时长。

日期	微信	微信使用时长
2015-8-8	微信	01:05:49
2015-8-9	微信	01:21:59
2015-8-10	微信	01:07:13
2015-8-11	微信	01:10:02
2015-8-12	微信	03:09:34
2015-8-13	微信	02:55:31
2015-8-14	微信	02:56:34
2015-8-15	微信	03:46:12
2015-8-16	微信	02:15:35
2015-8-17	微信	01:28:02

图 3.69.1

对于语音写作，经过一段时间的训练，大部分人可以做到 1 小时输出 1 万字。如果把"刷"微信的时间用于语音写作，会不会有很大的变化呢？经过个人实践发现，其变化是非常显著的，也期待读者在行动之后有所变化。

04

时间记录突破：
时间增值

如果时间规划得好，可以有效地让时间增值，本章我会鼓励你让时间增值，从而创造更好的未来。

第 70 节 关于时间投资

如前所述，在时间投入方面，有些时间具备投资属性。比如，花费在学习成长、运动健康上的时间；另外，用某种方式保持心情愉快也是一种投资行为，心情愉快，做事会更高效，在一定程度上也是让时间增值了。有些时间具备消费属性，比如花费在娱乐休闲上的时间。鼓励大家"多投资、少消费"，但是二者都必不可少，要将二者在长周期内保持一定平衡。

计算时间成本

一年有 52 周左右，每周工作 5 天，每天工作 8 小时，扣除法定节假日，我们每个人一年的工作时间大约是 2000 小时。虽然每个人具体工作时间有长有短，但是为了计算方便，直接用个人年收入除以 2000 小时，就可以计算出目前 1 小时的时薪，把它看作你当前 1 小时的时间成本。

如果你的年收入是 10 万元，那么每小时的时间成本约为 50 元。假如一家电影院免费请你看一部非常不好看的电影，时长为 2 小时，电影票价是 48 元。那么你是看还是不看呢？答案是：不看。

因为看电影花费的 2 小时的时间成本为 100 元，电影票 48 元可以算作你的收入，所以如果你看了这场电影其实是亏了 52 元。如果你把这 2 小时用来学习，能力提高了，以后的收入也会增加，也就是说投入学习的 2 小时带来的后续价值必然高于现在的 100 元。

也可以按照未来收入来衡量目前的时间成本，比如未来期待年薪 100 万元，那么你的时间成本就是：

$$100 万元/2000 小时=500 元/小时$$

一位时间记录社群学员很善于计算时间成本，她跟男朋友说："投入在学习成长上的时间，1 小时的价值至少 1000 元，你想不想给未来多存点钱？"在她的影响下，当别人找她男朋友打游戏时，他通过计算会发现打游戏要花去几千元的时间成本，然后就会拒绝朋友的邀请。

学习是最好的投资

长时间的学习更容易变现，如果没有积累足够长的时间，变现难度会比较高。比如在一个领域投入 100 小时的学习时间，变现可能有难度，投入 2000 小时，变现难度就会低很多。

我们大部分人在每个月都有一份固定收入，同时每个月会有一个工作总时长，把当月收入除以当月工作总时长，计算出当月单位小时的收入。如果这个数字没有达到自己的预期，可以通过学习来提高。

长周期的时间回报

假设你现在 30 岁，想要在 65 岁时有 5000 万元的存款，如果每月存 2.1 万元，按年化收益率 8% 计算，到了 65 岁就可以实现这一目标。如果把金钱和时间做一个类比，把金钱投资增值的理念应用到时间增值上，那么每个月有价值 2.1 万元的时间可用于学习，通过学习可以保持年化收益率 8%，在 35 年后，相比长期不去学习，其差距将是 5000 万元。

而在大部分时候，学习的回报率想要高于 8%，会是一件非常容易做到的事。

效率投资

凡是在时间上投入得多的事情，都要想一想自己做这些事情的效率如何。高效利用时间本身就是投资，是"效率投资"。这有以下两个好处：

（1）通过提升效率，我们有了更多的自由时间。

（2）效率提升之后，发展空间更大，比如，将来有可能赚更多钱，可以用钱来换取时间，如请保姆完成家务。

花钱省时间

对于要花费很多时间去做的事情，尽量减少这些事情的数量，把时间节省出来，用于"打磨"自己，长此以往，你就会进步。不要比价，你的时间更值钱，比如逛街 2 小时，买衣服花费 88 元，实际上，这件衣服的价格不止 88 元，它花费了"2 小时+88 元"。

节省的时间可用于增值，省出的精力可用于创造，随着时间的推移，这种感觉会越来越强烈。未来的生活，是由现在的时间决定的，未来的状态，也是由现在的投入决定的。

第 71 节 关于时间增值

在做时间记录不到一年的时候，我就知道了自己以后的发展轨迹。因为我知道时间增值的基本原理，这种感受出现在 2014 年左右。

时间增值的基本原理是：

做重要的事情。

我们要增加时间收益，减少时间成本。

（1）凡是只产生时间成本但不会带来收益的事情，不做。比如，陷入焦虑、担心和恐惧之中，以及不断指出问题而不寻找解决方案的讨论等。

（2）能让时间增值的事情，做。比如，行动、创造、克服困难，以及寻找解决方案。

我们以提高效率为目的，我们以创造价值为目的，我们只解决问题。基于以上分析，结合生活实际情况，并慢慢付诸实践，你会有更深刻的体会。

第 72 节　关于复利

单位时间内创造的价值是可以累积的，也就是说，长周期内做一件事，其价值是倍增的。

人的寿命按 100 年计算的话，将其换算成小时，即 876 000 小时。凡是时间花费超过 2 小时的事情，都要谨慎考虑，可以考虑用复利的形式给事情定价。

比如，单位时间（以每小时计）的价值是 100 元，复利 5%，50年后，单位时间的价值是 1146 元左右。算一算，你花费 1 小时所做的事，50 年后在单位时间内能不能产生 1146 元的价值？

有了一个标准之后，你在做很多事情之前就会认真思考，对于不同维度上的事情，比如，陪伴家人、学习、工作、社交等，你认为哪些是最重要的？给最重要的事情定一个最高价，这样就有了衡量标准。

当然，有些维度上的事情不能通过价格来衡量，但是可以通过时间来衡量。如果说陪伴是最好的礼物，那么就要考虑打算陪伴多久，以及陪伴的方式，可以简单地写下来。

高质量的陪伴、高质量的运动、高质量的学习、高质量的工作、高质量的社交，都需要投入时间，并且在这段"高质量"的时间内，做事情需要足够专注，这意味着我们要更合理地安排好各种事情，而要做到合理安排时间，可以根据过去的时间记录数据来逐渐改进。

第 73 节　做好时间保护

在学习和成长方面投入的时间是属于被保护的时间，如果你现在还没有投入这样的时间，那么需要在未来一段时期内做出调整。如果长期不学习，学习能力就会下降。

成年人在学习上还需要关注"学习密度"，即单位时间内吸收的知识量，学习密度不能过低，否则不利于提高学习效率。这就像记单词，对我来说，每天花费 50 分钟，可以在大脑里快速闪现 1000 个左右的单词，并且尽量创造高频的学习效果。阅读也是如此，多次、高频，有助于加深记忆。

再次强调，大家要认真对待时间花费超过 2 小时的事情，2 小时占一天的 8%，适合深度工作和学习。同时，将零散时间整合起来的 2 小时是很宝贵的，2 小时这种级别的时间段，要当作财产来保护。

第 74 节　记录灵感

时常在脑海中闪现出灵感的人，最大的乐趣之一就是能够把自己的灵感全部记录下来。一个有想法的人，要让自己在时间和空间上保持独立，即需要给自己留出独处的时间，以及不受干扰的空间。如果没有现成条件，则要想办法创造条件。

对于一个作家来说，他们会合理安排自己的工作和生活，在写作不太顺利的时候，出去走一走、散散步，一旦有灵感和想法，马上将它们记录下来。在作家的生活中，独自散步本身就是一种工作方式。

作家的灵感到底是怎么出现的呢？灵感并不会自动到来，只有主动寻找灵感，灵感才会到来。

在语音写作这件事上，如果你一定要等到灵感来了之后才开始创作，可能这辈子都要一直等下去。谁也不知道自己可能在什么时候会突然终止生命，所以我尽可能抓住现有的时间进行语音写作。

第 75 节　自由时间

自由才能创造。

我有很多创意，是在什么事情都不做的情况下想到的。我在搭建时间记录体系的那段时间里，经常在外面散步，有了想法就记录下来，在思考过程中，会考虑比较长的时间周期，比如 50 年——如果要做这件事情，应该怎么做、怎样完善，以及怎样降低记录成本才能尽最大可能在 50 年内把这件事做成。

搭建其他任何体系也是一样的，需要让自己保持在一个相对自由的状态，这段时间只做这件事，全部心思都放在正在做的事情上。

在做时间记录时，如果出现了自由时间，我们一般会做什么呢？大部分人会选择休闲娱乐活动，比如散步，在散步过程中也可以有不少灵感和想法出现。

如果一个人每天有 2 小时的自由时间，那就是非常理想的状态了。2 小时的自由时间，相当于一天中 8% 的时间都是自由的，这个时间段可以让我们较为深入地思考一些问题。

第 76 节　做到极致

在 1～2 年的时间内，专门做一件事情，你会变得更加强大。但是学习什么技能，可以让我们变成一个更加有趣的人呢？另外，付出哪些努力，可以让我们在一个领域达到巅峰呢？

我一直鼓励大家突破自己的极限，不仅在理论上有深入思考，而且要把理论应用在生活中，并做到极致，做到"穿透"。真正的"穿透"不是在听了某个道理之后恍然大悟，而是真的去脚踏实地行动，甚至突破极限，做到更好。

在一个领域持续耕耘，掌握所在领域的专业知识，那么在一个很小的领域也可以做到极致。比如摄影，初学者不会关注构图、光线和景深，而对于专业人士来说，除了关注构图、光线和景深等基础要素，还要关注照片所传递的信息、情感或寓意，他们从颗粒度比较粗的细节，逐渐深入到颗粒度很细的细节当中。

第 77 节　人生剧本

时间记录数据就是我们的人生剧本，如果剧本内容丰富多彩，那么在时间记录数据中"事件描述"的关键词就会记录得比较精彩。在下一年开始时，打印一份上一年的时间记录数据，观察过去一年中出现的关键词。如果对关键词较为满意，则可以继续保持这样的生活方式，如果不满意，可以试着改变自己的生活方式。通过改变生活方式来改变关键词，相当于创造自己人生的新剧本。

如果剧本没有丰富多彩的内容，偶尔还会出现空白，甚至每天重复一样的内容，这样的剧本是好看还是不好看呢？

想变得好看，就要创作不一样的剧本，需要体验不同的生活，比如，去一个从来没有去过的地方，拜访一位高人并进行一次深入的聊天。

只有做了一件事情，其关键词才会出现在时间记录中，关键词呈现我们的生活状态，并且每年都要尽可能创造新的关键词。

改变自己的行为，数据就会被改变。如果每天的生活都是千篇一律，可以试着做一件不一样的事，并且写下"第一次"，然后试着创造更多的"第一次"。比如，"第一次走某条路""第一次读某本书""第一次滑雪""第一次见到偶像"……

体验不同的生活，写下有趣的关键词，人生会更加精彩。

第 78 节 关于时间轴上的关键决策

生活中要做很多不起眼的决策，行动或不行动，在当下看起来差别不大，但行动后付出的成本和获得的收益之间，可能会产生较大的不均衡。一些决策一旦做出，会发现成本在可承受范围，而且收益巨大，我们要多发现生活中的这类决策。

人生中要经常做很多决策和选择，我们要选择在时间周期内经得起考验的决策，考虑把时间周期拉长到未来 50 年，你是否还愿意继续做这件事？如果答案是肯定的，就可以坚定地去做。如果答案不是非常确定，那么就再追问一句：还要具备哪些条件，我才愿意在 50 年的长度上，依然愿意做这件事情？

对于一个投资项目，如何判断它的投资价值高不高？怎样发现投资项目中的一些关键信息呢？通过专业人士的分享或者自己的深入研究，在看到好机会后就去参与。对于一些好的机会，我们在行动后会发现其步骤较多、较为复杂，但是只要行动起来，肯花时间，总能将其理顺。一旦理顺，大概率就能持续地产生收益。

这些步骤需要我们花时间去做，有人会因为事情太多、太杂而放弃，而实际上，好的机会往往是通过一系列并不复杂的步骤来实现的。尽管实施这些步骤依然要花时间，但如果时间相对自由，成功率会更高。因为有自由才能创造，其中包括我们需要用相对自由的时间去实现财富的增值。

有一次我和朋友聊天，聊到一些人为什么能取得很不错的成绩，我们分析原因，最后一致认为，他们愿意花时间做一系列非常复杂的事情。但实际上，每件事情所包含的每一个步骤都不会太复杂，他们做完所有步骤并将其组合，这样就获得了更多机会。

对年轻人来说，越早实施这些步骤，产生价值的时间周期就越长。

第 79 节　时间密码锁——时间到了才能解锁

一些事情要等到一个时间节点来临时才能解锁，比如处于某个年龄段时，你在某一方面突然有了很多收获，这是因为你在这个方面积累到了一定程度。

持续地做事情，在专业细分领域深耕，打造成功案例，持续输出文章，持续投入时间，连接行业内外的高手，不断付出和分享，不断帮助别人，努力越多，收获就会越多。

我之前在辅导时间记录社群学员时，在经过差不多一年半的时间里让他们从二线城市搬到了一线城市，在进入一线城市之后，他们明显感到自己增长了见识。尽管短时间内他们不会有非常大的变化，但通过自己持续耕耘和付出，会在未来创造很大的价值，甚至带来持续的现金流。

在带来持续现金流之前，需要投入大量的时间、打造自己的个人品牌、不断提高自己的专业能力。在二十多岁时持续积累，在三四十岁时开始有收获。对个人来说，持续时间越长，越能呈指数级增长。

有些机会，通过抓住风口可以获得财富增值；有些机会，可以通过时间探索，最终也能获得财富增值，这其中的过程就体现出你的"硬核"能力。

要在时间记录中不断地输入与"硬核"能力相关的关键词，不断练习这种能力，从而变成所在领域的专家，并为其他人带来更多价值。

第 80 节　用时间记录勾勒未来

我的脑海中经常会天马行空地想到很多点子。2020 年 4 月 29 日这天，我想到一个点子——自己 90 岁前的每一个生日应如何度过。当时，这个点子像闪电一样击中了我。

给未来每一年的生日写一封 1000 字的信，为了保证内容质量，可以手写、语音输出或键盘打字，总之用你最擅长的方式去写，注意有截止时间。

假设你开始实施这项计划，注意截止时间：在当年结束前，完成第一轮。比如在 2021 年启动计划，即在 2021 年 12 月 31 日之前，你给 90 岁之前的每一年生日都写一封信。假设在 2021 年，你的年龄是 31 岁，你分别给 32 岁生日、33 岁生日，直到 90 岁生日写一封 1000 字的信，59 封信的总字数大概是 5.9 万字。

从 2022 年 1 月 1 日起，开始写第二轮，即在 32 岁时，给 33 岁生日、34 岁生日、35 岁生日，直到 90 岁生日，各写一封 1000 字的信，把你预测的在那个时间节点上的生活状态、想法和感受，都写出来。在 2022 年，你需要写 5.8 万字。

假设这个项目你一直做下去。

从 31 岁开始直到 89 岁，你一共为 90 岁的生日写了 59 封信，用时 59 年，总字数大约为 5.9 万字；从 31 岁开始直到 88 岁，一共为 89 岁生日写了 58 封信，用时 58 年，总字数大约为 5.8 万字……

每一年，你都可以预测自己未来每一年生日当天的生活状态。90 岁只是一个参考值，你还可以依据其他岁数来实施这个项目。对于这个项目来说，不管你的年龄是多大，都可以随时进行。

提问：在实施这个项目时，有时会感到原来自己的生命还是挺长的，其间可以做很多事情，但是又不知道该让自己做哪些事情。遇到这种情况应该怎么办？尤其是到 70～90 岁的时候，更不知道该做些什么。

回答：如果不知道 70～90 岁可以做什么，可以针对现在正在做的事情，反问自己一句：目前我所做的事情，是不是在 70～90 岁时还愿意做？比如，语音写作和时间记录，以及读书、喜欢的运动、其他爱好，等等。

提问：实际生活中我们常常觉得时间过得很快，可是在成长过程中，总会出现更多的"诱惑"和"我想要的"。如何克服这种"想要太多"的心态呢？

回答：在 35 岁前保持足够开放的心态，"我想要的"当然越多越好。在"我想要的"出现时，你要问问自己，是临时想要，还是真的一辈子想要？是突发奇想，还是深思熟虑？

随着时间推移，"我想要的"并不会如你想象得那么多。甚至到了 70~90 岁这个年龄段，如果你还能有很多"我想要的"，那么人生简直太美好了，你就是人生的探索家，你还保有好奇心，愿意保持童真。

在年轻的时候，有很多"我想要的"，这是非常正常的，而且也应该去追寻。

提问：在写信的过程中，会出现"断片"的情况，尤其是在不同时间段写信，其内容不是很连贯，或者会有一些矛盾和不符合逻辑的情况出现，这种情况需要在意吗？

回答：如果这是你第一年实施这个生日项目，在有矛盾的内容出现时，可以不用去理会。如果你打算以后每年都写，要一直写到至少 70 岁，针对这些矛盾的内容，你可能会梳理得越来越清晰。

而对于年轻的你来说，"矛盾的出现"是很自然的。所以，在刚开始写时，把所有想写的都写下来，也许前后不符合逻辑，但生活中的一些事情也许并不都是符合逻辑的，比如偶尔和伴侣吵架。

这个生日项目适合不定期地去实施，尤其对于很多年轻人来说，想法可能会随时发生变化，在不同的时间节点去写，甚至会出现完全不一样的版本。

写完一封信后，不对内容做评判，过了一段时间之后，再翻出来看：这真的是自己想要的生活吗？我愿意按照自己所描述的生活状态去生活吗？我愿意付出足够的努力过上这样的生活吗？

> 提问：在写信的时候，很容易联系自己近期的一些想法，所以在每次写的时候，对某些事情的判断也会发生变化。同时，当考虑 5 年、10 年之后会发生什么事情时，我总感到完全没什么概念，所以习惯用一种"回顾过去做出的选择和决定"的方式来写，比如在给 37 岁生日写信的时候，会去回顾 27 岁时做出的选择和决定，这样是否可行？

> 回答：我们在写的时候，主要考虑当下的想法，所以在设计项目时，我会强调：2021 年的版本，是当年的版本，2022 年的版本，可能会不一样。

> 当然，这其中也会有联系，你还是你，一些生活中的细节依然还会在每一年中出现。

> 之所以对 5 年、10 年之后发生的事情感到没有什么概念，一方面是因为你还比较年轻，如果没有养成回顾过去的习惯，那么在展望未来时，也是有一定难度的，不过这是可以通过练习获得的一项能力。在做时间记录时，如果你记录下自己 5 年来的时间数据，你会对自己过去 5 年非常了解。因为有数据做支撑，也更容易看到未来 5 年。

在实施生日项目时，我建议大家用"完成"的状态来写信，也就是考虑"你有什么样的工作""你喜欢什么样的生活""宝宝多大了"类似这样的视角，多记录"确定的事件"，而对于"不确定的事件"，可以不写，或者考虑用大概的框架来写，甚至可以记录为多个版本。

比如，虽然你不知道自己在多少岁时会有宝宝，但是对于 20 多岁的你来说，也许在未来 20 年内就会有。"20 年"这种长度，将一个不太确定的事情规划出了一个大致框架，你至少知道，在 20 年内会有宝宝，而且概率还不低。

如果觉得 20 年太长，你可以改为 10 年或 5 年，一直缩减到一个可以接受但又不是非常离谱的时间长度里。

> 提问：如果在写之前就给自己列出一个人生提纲，画好自己的人生"画布"，这样对于要写的内容可能会稍微清晰一些，不至于陷入细枝末节中。这样可行吗？
>
> 回答：在第一年实施生日项目时，可以写大纲，也可以不写大纲，没有绝对的答案；可以打乱年份写，也可以按照某种固定的年份顺序写。

在第一次写信时，重要的是体验、感受和创造，去体验整个写信的过程。

同时，这是一个动态项目，你可以每年都写，所以不用担心是不是写得不好，在最开始时要允许自己犯错，毕竟在最开始时就去探索各种边界，试错成本是最低的。

如果每年都实施这个项目，你会对自己的未来规划得越来越清晰，你的未来会越来越好。

第 81 节　沉浸式学习

沉浸式地投入某一领域，需要相对长的时间周期才会收获成果。在真正的沉浸式学习过程中，我们和外界交流很少，做得更多的是自主研究、查阅相关资料、请教行业内的专业人士，需要花费更多时间来消化和吸收获取的资料。

沉浸式地为自己构建一个新的知识体系，在这个过程中，我们会不断地得到意想不到的惊喜，会像发现了宇宙奥秘一样兴奋。

对于沉浸式学习的时间安排，我们更需要去整合时间。在时间安排上，不定期地让自己沉浸式地去学习一个新领域的知识，在那段时间里除日常生活之外，更多的时间会花在新领域的学习上，这样才可以不断地取得一个又一个突破。需要明确的是，对于绝大部分普通人来说，不管学习哪方面的知识，很多领域的研究都已经比较深入了，只有比较前沿的领域，才需要自己不断地去摸索。

在刚开始工作的前几年，需要学习的新知识比较多，我们可以花大半年到一年的时间沉浸式地学习一些新知识，这会对自己的未来生活产生很大的影响。

对于已经工作了很长时间，并且目前的工作已经能完全驾驭的人来说，可以选择与工作相关的一些领域，掌握和研究一些并不熟悉的知识，通过学习新知识，来增加自己工作的趣味性，重新点燃自己对工作的热情。

第 82 节　生活中的最低原则

> 大多数人都在尽量地多读书，尽可能多了解一些近二十年间所发生的事情。想看书就看书，想闲逛就闲逛，自由自在。
>
> ——《千年战争》

生活中的最低原则是指，为生活中要去做的事情设置最低标准，比如语音写作的最低原则是：每天输出 1 万字。

最低原则用来激励自己将每件事情做好，并且持续去做。做时间记录的最低原则是：每天花 10～15 分钟，保证自己能持续地记录自己的时间使用情况。

在写这本书时，我要求自己每天输出的字数必须达到一个数值，把每天要达成的数值都写出来，贴在电脑屏幕上，从而安排好时间。如果没有一个具体的时间节点，一些重要但是不紧急的事情就无法推进。

生活中的最低原则，还可以用来衡量每天所做的事情是否超出"边界"。比如以"每天陪孩子读书 10 分钟"作为一个最低原则，如果做到了，则意味着时间的整体安排较为合理，这 10 分钟得到了

"保护"；如果当天没有完成，则说明当天的事情比较多，挤占了陪孩子读书的 10 分钟时间。

建议给自己设定一个有关专注力训练的最低原则：让自己每天保持不低于 15 分钟的专注力训练，专注于观察周边物品的形状和颜色。

第 83 节 "时间很久"的错觉

有时候，在一个习惯养成之后，我们以为这个习惯已经保持了很久，但通过盘点时间记录数据会发现，实际上这个习惯并没有持续很久。"很久"是一个相对的时间长度，如果能清晰定义下来会更好。

如果每天都做时间记录，用 50 年来践行这个行动，那么在一年内如果碰到了困难，这不到一年持续记录的时间算不算很久呢？

对于时间记录体系，我在书中倡导大家持续地做记录，在设计自己的时间记录体系时，时间长度要设定为 50 年以上。

在 50 年的践行中，要尽量考虑多个维度，比如时间标签的设计要尽可能经得起时间的考验；时间成本不能太高，这样才能保证持续性；要考虑每隔几年会换手机的可能性，提前做好数据备份，等等。

"事件描述"中的关键词要尽可能精确，便于在"很久"之后还能找到相应的关键词。正如书中提到的，陌生人在看到这些关键词后，能大概知道做时间记录的你是一个怎样的人。

有时候，人生的很多阶段都会给我们一种"很久"的感觉，但相对于一辈子来说，似乎又只是一瞬间。有了孩子的父母也许会有这样的感觉：把孩子带大，其过程充满艰辛。然而，父母能够陪伴孩子的时间只有那么十多年，慢慢地，孩子会有属于自己的生活。

时间如流水，如落叶般随风飘散。有效利用时间的最好方式是，活出自己的精彩。如果做一件事不会对自己造成太大损失，而做成了会有很大收获，那么一定要在有限的时间里努力去做。

第 84 节　给作品和事业定价

有一种方式可以提高我们对时间的敏锐度，那就是时刻记住：你是能做大事的人。

给自己的作品、事业和时间定价，定价范围是目前收入的 10 倍、100 倍、1000 倍，收入每增长一次，分别用这 3 个数值重新计算一次。

达到 10 倍增长和达到 100 倍增长，做事方式会不一样，达到 1000 倍增长，时间的整体分配结构会发生变化。

假设按照 1 小时的价值是 500 元计算，10 倍增长后的价值是 1 小时 5000 元，100 倍增长后的价值是 1 小时 50 000 元，1000 倍增长后的价值是 1 小时 500 000 元。从这个数值来看，1 小时产生的价值不一样，意味着要考虑的范围也不一样。

10 倍增长，通过努力或许可以达到；100 倍增长，可能需要改变做事方式来达到；1000 倍增长，需要非常认真地思考，要做哪些事情，以及哪些事情不能做。

定价只是一个概述，最终目的是为了把时间充分利用起来。另外，除了定价，还可以考虑其他方式，比如每做一件事，获得 10 枚金币，或者每小时等值 500 金币，从而创造一个相应的激励体系，以此时刻提醒自己要做重要的事情，做持续增值的事情。

在这个激励体系中，养成好习惯也可以给自己奖励金币。例如看一本书奖励 100 金币；一个好想法落地执行，奖励 200 金币。为每件事情设置相应的金币值，通过调整做事情的方式，改善时间分配结构。

第 85 节　影响愿意被影响的人

时间记录体系可以数据化地记录自己的行为，也记录了自己的成长历程。

但并不意味着每个人都需要用这套体系，对有明确目标的人来说，这套体系非常有用，另外，如果觉得时间记录能为自己带来更多价值，也可以使用这套体系。

通过这本书读者可以了解到，有一群人正在践行这套体系，他们愿意把自己的时间记录下来，让自己的时间数据化，并且通过这种数据化的方式来调整自己的行为，从而更好地使用时间，让时间为他们服务。正如电影《黑客帝国》里墨菲斯所说的："最难的事情就是改变一个成年人的观念。"

做自己想做的事情，并为之创立相应的原则。把时间记录的理念分享给他人，影响愿意被时间记录体系影响的人。

第 86 节　尝试新工具

一个工具，无论是有用还是没用，至少都要尝试一下。比如时间记录体系也是如此，读者可以在读到这里时，体验一下时间记录，可以按照书中所提供的时间标签体系和事件描述的案例进行尝试，并且给自己设定一个尝试期的截止时间。

任何领域的新生事物都要进行足够多的尝试，这样才能发现它的有用之处，如果没有经过实践，我们则无法验证它是否真的有用。

比如，"语音写作"这个想法最早来自我对讯飞输入法的体验，当时我想通过语音方式提高文字输入速度，经过大量实践后，我发现语音写作可以综合地锻炼自己的口语表达能力，比如发音准确度、口齿清晰度等。

在刚开始练习时，我的目标是能够把语音转成文字，之后才逐渐向速度、正确率、如何断句等各项标准提升。

对于能节省时间的方法、工具和技能，去学习、去实践，你会发现生活可能会越来越顺心和自如。

第 87 节　有限的边界创造无限的价值

可创造的价值是无限的，但要用有限的边界来创造。

有的读者可能会有这样的感受，脑海中偶尔会产生一个想法，这个想法非常美妙，美妙到无法用语言来形容。在这种状态下，美妙的想法所能创造的价值是无限的，而语言文字所产生的价值，相对来说是有边界的。

可以试着学习不同领域的知识，并且不断拓展自己的边界——花几年时间学习一项技能，再花几年时间学习另外一项技能，如果要产生叠加效应，就需要注意所选择的两项技能之间应该是可以相辅相成的。

时间是有限的，我们不可能在一生中做完所有的事情，如果想尽可能做更多的事情，就需要对时间安排有更高的要求。

在明确了时间的价值后，我们就会减少生活中做一些事情的随机性，比如为了让作息更具有规律性，会拒绝一些突然而来的邀约。

人的情绪具有波动性，人偶尔也会让生活呈现出一种随机性——一整天无所事事，但是持续时间不会太长，因为你会根据自己的生活节奏，在很短时间内重新回到生活的正常节奏上。

关于有限的边界创造无限的价值，我还想用语音写作来举一个例子。在语音写作的训练过程中，我会设定每天用 1 小时写 1 万字，这里的边界有两个：时间是 1 小时，字数是 1 万字。

这里的"无限价值"是指文字的魅力。对于在 1 小时内写出的 1 万字，就具体内容而言，每个人写的是不一样的，但每个人的 1 万字所产生的价值可能是无限的。

对于个人来说，随着生活工作的不断变化，具体写出什么内容是无法预计的，但写出的总字数是有限的。比如 1 天内写出 1 万字，一年后总字数就是 365 万字，每个人写出的内容都可能产生无限的价值。

第 88 节　平行世界

在时间记录体系中，"平行世界"可以理解为：如果不选择现在的生活，你将会选择什么样的生活？用你所选择的时间轴的形式，写出另外一种想要的生活。

如果我没有做语音写作这件事情，没有进行"1 小时 1 万字"的语音写作训练，那么我能做的其他事情是什么？这一直是我追问自己的，在平行世界中，我能做得最精彩的事情到底是什么？做这件事的时间成本是多少？如果换成另外一件事情，又会有什么不一样的人生状态？

坚持做一件小事，持续投入时间，在时间轴上会呈现怎样的状态？"增加"做这件小事的力度，即持续地投入更多时间，在时间轴上会产生怎样的结果？如果你将所有的时间都投入到一件事情上，它在你的一生中所产生的最大价值或最大可能是什么？

从两个角度来看你的时间记录体系：一方面客观地做好时间记录，描述你目前的生活状态、生活习惯、真实的时间使用情况；另一方面主观地设想，将自己的想象力发挥到最大，描述你想要的生活状态、生活习惯，以及你会有一个怎样的未来。

第 89 节　回顾历史上的今天

> 把精力集中在任务上，不做那些对主要任务毫无帮助的事、现阶段不应该做的事，时间管理才能变得非常有效。找到应该集中精力做的事情，再来管理时间。
>
> ——剑飞语写
> 2013 年 6 月 18 日

> 如果要做出一点有用的事，持之以恒是必须要做到的。
>
> ——剑飞语写
> 2014 年 6 月 18 日

在做时间记录的过程中，如果持续记录了很多年，可以回顾自己在历史上的今天具体做了些什么。可以有两种维度上的比较，一种是比较往年的今天，另外一种是比较每个月的今天——对于往年的今天，翻看自己在那一天做了什么；对于每个月的今天，翻看在上个月的今天，以及过去每个月的今天，自己做了什么，可以很容易发现自己的成长轨迹。

通过翻看每年在同一个季节所做的事情，可以了解自己在不同季节的工作效率——看看冬天起床时间是否比夏天晚，或者夏天午休时间比冬天长。在没有这些数据之前，我们无法得出结论，而有了数据之后可以随时做比较。

一般来说，如果你在睡觉之前精神状态比较好，并且在心里暗示自己将在某个时间点起床，那么在该时间点起床的概率会更高。通过过去的数据来预测未来的行为，可以对自己有一个较准确的认知。

如果每年你在某个特定季节都会去做一些事情，比如夏天游泳、秋天慢跑等，可以提前进行规划。对于不同城市来说，最适合户外运动的季节不一样，试着去了解你的城市。在广州，语音写作最适合在秋天进行，冬天的风不大，比较适合在户外进行语音写作。对于北方的城市，冬天在户外写作就有很大的挑战，而室内的写作条件要比南方好很多。

第 90 节　牢记梦想，不忘初心

如果想做一件事，就要把目标定下来，争取在时间记录中将其体现出来。注意，时间记录中记录下的事情都是已经发生的事情，梦想要实现，但只有做到才可以记录下来。

如果有人问你："你的梦想是什么？"而你不能马上回答出来，说明你对梦想的目标感不够强烈。梦想要强烈到可见，并且具体可实现。

虽然目标实现的时间节点可能会和当初设想的时间节点存在偏差，但是截止时间是明确的。到了截止时间，我们就可以知道目标是否已经实现。

对于一个长期目标来说，我们很可能会忘记最初的目标是什么，而时间记录会让我们一直不忘初心，在老年依然忠于年轻时的梦想，将其变成可量化的目标。

看看几年前记录下来的"雄心壮志"，你会发现当时记录下来的内容有趣极了。时间记录可以让我们随时知道当时发生了什么事情，让我们在几年之后依然可以翻看和回顾。

对于一个计划实现的目标，在确定了实现目标的时间节点后，要知道从今天算起还需投入多少时间、还需要做多少事情、哪些事情需要借助外力、哪些重要的时间节点是不能拖延的、哪些事情需要自己主动推进、哪些事情需要等待时机成熟……将每个时间节点一一确定下来，对于不能确定下来的时间节点，给出一个时间范围。

第 91 节　自我认知之路

长期做时间记录，可以让我们更好地认识自己。

在时间记录体系中，起床时间和睡眠时间，可以帮助我们了解自己的作息；与阅读和写作有关的数据，可以让我们更全面了解自己喜欢的图书类型和喜欢创作的内容方向；与工作事业有关的数据，可以让我们了解自己未来想要发展的方向；与社会交际有关的数据，可以知道自己在和其他人沟通了多长时间之后，需要适当地休息；与家庭生活有关的数据，可以知道自己每年为家庭投入了多少时间；与交通有关的数据，可以知道每年在交通方面消耗了多长时间、哪些时间段可能会堵车，从而决定各个时间段采取何种出行方式。

时间记录最重要的作用是，记录在自己的生命长河当中，具体发生过什么事情。在充分了解自己之后，再去思考：可以通过改变哪些行为，让自己创造更大的价值。

在某种程度上，他写的东西好像是为自己写的，把写的东西同自己进行对比。他自己对自己提出要求，自己监督自己，自己监视自己，自己向自己汇报。

柳比歇夫通过他的时间统计法对自己进行了研究和试验：试验在写、读、听、工作、思索各方面，他到底能干多少？怎么干？他不让自己负担过重，力不胜任；他总是循着他能力的边缘前进，他对自己能力的掂量愈来愈精确。这是一条永不停顿的自我认识的道路。

——《奇特的一生》

任何领域，任何职业，本方法均能使你取得重大成果！

即使才能十分平庸，本方法仍可保证取得最大的成就！

你学到的方法并不抽象，而是可靠的、经过多年的经验验证的，是切实可行、行之有效的……

——《奇特的一生》

第 92 节　开启新的旅程

不管你在什么时候遇到"时间记录"，太早或太晚都没关系，它都会帮助你成为你想成为的人。

尽管我提倡做时间记录的时间周期越长越好，最好能持续 50 年以上，但是这并非一个强制的时间期限，只要你想，随时都可以开始。做时间记录是一件对生活大有裨益的事情，而对生活进行记录或者不进行记录都没有关系，重点是要让自己的生活有乐趣。

一旦你开始做时间记录，可能会把这件事做好，也可能在记录了一段时间后，觉得自己做得不太好，这都没有关系。但我希望最终你能成为你想成为的人，希望你能了解那些已经在做时间记录的人的感受，倾听他们的心得、想法和收获。

如果你想要记录自己的生活，想要创造和改变生活，并且把创造和改变的过程都记录下来，试着开始做时间记录吧，开始人生记录的新旅程。

希望这本书的读者能有精彩的人生。